AF557361

Nora Noé

Mannheim

Weeschd, wie isch mään?

Geschichten & Anekdoten

Bildnachweis

MARCHIVUM Stadtarchiv Mannheim: Titelseite (Slg. Bohnert & Neusch), S. 12 (AB01548-186a), 17 (PK02458), 20 (ABBN0723-30499-01), 40 (ABKS00515-008), 45 (KF003478), 46 (ABBN1105-1-05051-001), 53 (AB03363-027), 54 (KF038219)
Liselotte Jung: S. 6, 11, 19; Inge Reich: S. 15, 34; Nora Noé: Porträt Rückseite Cover, 23, 24, 27 (Helen Heberer), 62, 66, 71 und 72 (Georg Seiberlich); Angelika Cooper: S. 30; Werner Goldstein: S. 32, 48, 51, 75; Beate Ochsenknecht: S. 42; wikicommons/Elya: S. 59; Roland Weber: S. 76, 79

Danksagung

Herzlichen Dank an alle, die zum Gelingen dieses Buches mit ihren Erinnerungen und mit Fotos beigetragen haben: Angela Braun, Angelika und Larry Cooper, Karin Fohr, Heidi Geiberger, Werner Goldstein, Margit Gunn, Helen Heberer, Ursula Hefner, Renate Helmling-Petri, Birgit Hess, Rita Kunz-Krusenbaum, Ingrid und Dieter Kwiatkowsky, Rahel Mangold, Günter Noe, Beate Ochsenknecht, Inge Reich, Marion Schöbel, Georg Seiberlich, Iris und Roland Weber. Mein besonderer Dank für die freundliche und kompetente Unterstützung geht an Michael Jendrek vom Marchivum und an meine Lektorin Dr. Helga Zöttlein vom Wartberg-Verlag.

1. Auflage 2023
Alle Rechte vorbehalten, auch die des auszugsweisen
Nachdrucks und der fotomechanischen Wiedergabe.
Layout: Da Forma Agentur für Gestaltung, Gudensberg
Satz: Schneider Professionell Design, Schlüchtern-Elm
Druck: Rindt Druck, Fulda
Buchbinderische Verarbeitung: Buchbinderei S. R. Büge, Celle
© Wartberg-Verlag GmbH
34281 Gudensberg-Gleichen, Im Wiesental 1
Tel. 0 56 03 - 9 30 50   www.wartberg-verlag.de
ISBN 978-3-8313-3571-8

Inhalt

Vorwort

Liebe Mannheimerinnen und Mannheimer,
nach der Lektüre dieses Buches werden Sie unsere Stadt mit anderen Augen sehen. Es geht darin nämlich nicht nur um die Mannheimer „Highlights“, sondern vielmehr um Orte und Ereignisse, die weitgehend unbekannt oder in Vergessenheit geraten sind.

Natürlich ist unser Wasserturm mit seinen wunderschönen Springbrunnen und den an den Wochenenden illuminierten Wasserspielen etwas ganz Besonderes, ebenso wie unser historischer Paradeplatz und unser Marktplatz mit seinem Wochenmarkt. Und da ist auch noch unser Schloss.

Doch neben diesen Sehenswürdigkeiten gibt es noch unendlich vieles in Mannheim zu entdecken, das entweder ein verborgenes Dasein führt oder auch einfach von uns übersehen wird. Ich möchte Sie einladen, mit mir auf Spurensuche zu gehen. Lassen Sie uns gemeinsam eine Reise in die Vergangenheit Mannheims antreten, aber auch in unsere eigene. Viel Alltägliches, das wir längst vergessen haben, wird wieder zum Leben erweckt. Orte, die wir besuchten und die wir liebten und die plötzlich nicht mehr da sind, werden wieder lebendig. Aber auch an Ereignisse, die uns beeindruckten, soll erinnert werden. Dabei wird so einiges mithilfe von Erzählungen und Anekdoten von Zeitgenossen ausgegraben und genauer unter die Lupe genommen.

Am Schluss bleibt dann nur noch die Frage, die auf Englisch „isn’t it?“ oder auf Hochdeutsch „nicht wahr?“ lauten würde, „wo awwer en Monnemer gans ääfach frooge dääd: Weeschd, wie isch mään?“.

Ihre Nora Noé

Wo zum Teufel ist der Filzbach?

So etwas kann nur ein Ortsfremder fragen, denn es heißt die Filsbach, weil es sich nicht um einen Bach, sondern um einen Stadtteil handelt, der dazu mittlerweile mit „s“ geschrieben wird. Will man die Filsbach im Mannheimer Stadtplan verorten, bringt man sogar waschechte Mannheimer ins Grübeln. Ein Grund, auf Spurensuche zu gehen und sich den Stadtteil etwas genauer anzusehen. Ziehen wir zunächst mal den 2007 zum 400-jährigen Stadtjubiläum erschienenen Mannheim-Brockhaus zu Rate und schlagen unter „F“ nach. Dort finden wir Folgendes:

„Filsbach, Filzbach, im Mannheimer Volksmund Bezeichnung für die Westliche Unterstadt von den E- bis zu den K-Quadraten. Der Name dürfte auf einen Wassergraben zurückgehen, in dem die Hutmacher einst ihre Filze wuschen. Hier wohnten bis zur Deportation in der NS-Zeit viele jüdische Familien …“

Nach dieser Definition würde ein Viertel der gesamten Mannheimer Quadrate zur Filsbach gehören. „Als ich das meiner 95-jährigen Mutter vorlas“, erzählt Renate lachend, „hat sie nur den Kopf geschüttelt und gemeint: ‚Die, wo des gschriwwe hawwe, die hawwe doch kenn blasse Schimma. So en Gwatsch! Die Filsbach war in de ‚Schiefe Gass‘ un noch ä bissel denewe un hinne dro. Do ware lauder alde, baufellische Haisser, die waare noch aus de Baroggzeid, do is nie was dro gemachd worre, des ware furschdbare Wohnferhäldnisse, do hawwe die Ärmschde der Arme gewohnt. Isch war froh, wie ma domols umgezoche sin. In de 70er sin se dann, glaab isch, abgerisse worre un dann hawwe se do so en Glotz hie gebaud.‘ Ich glaube meiner Mutter“, fügt Renate hinzu, „sie hat noch immer ein gutes Gedächtnis. Schließlich ist sie in der Filsbach geboren und hat dort jahrzehntelang gewohnt.“

Renates Mutter vertritt nicht allein diese Ansicht. Egal, mit wem der älteren Leute man spricht, alle versichern, dass die Filsbach um die „Schiefe Gass“ herum lag, die sich zwischen J3 bis J5 und H3 bis H5 erstreckte. Auch sind sie sich darin einig, dass die Filsbach ein Arbeiter- und Armenviertel war, vergleichbar mit dem Jungbusch. Mit dem „Glotz“, den Renates Mutter erwähnt, ist das ZI gemeint, das Zentralinstitut für Seelische Gesundheit, ein achtstöckiger Bau aus Sichtbeton und Klinker. Ihm fielen zwischen 1970 und 1975 die Gebäude in H6 sowie J4 und J5 und die Schiefe Gass zum Opfer. Unter den 20 abge-

Auch das Haus in H6, 4, wo sich über Jahrzehnte die Schneiderei Jung und der Blumenladen von Frau Gianelli befanden, fiel zugunsten des ZI der Abrissbirne zum Opfer.

rissenen Häusern aus der Vorkriegszeit befanden sich einige Barockhäuser, u. a. das Scharfrichterhaus aus dem Jahr 1708. Die Entscheidung zu Ungunsten der alten Bausubstanz löste damals heftige Diskussionen aus, da es in Mannheim nach den schweren Bombenangriffen im Zweiten Weltkrieg kaum noch historische Gebäude aus der Frühzeit der Stadt gab.
Schaut man sich heute die verbliebenen Häuser der Westlichen Unterstadt an, so erkennt man schnell, dass es sich in den E-, F- und G-sowie in den oberen H-, J- und K-Quadraten, die an den Luisenring grenzen, um ansehnliche Bürgerhäuser handelt. Hier lebten keine Arbeiter, sondern Handwerker und Kaufleute. Insbesondere in den F-Quadraten ließen sich viele Juden nieder. In F2 befand sich die Synagoge und in F7 der jüdische Friedhof. Eine interessante Quelle, die die Erzählungen der alten Leute bestätigen würde, sind die Mannheimer Geschichtsblätter. Hier ist in der Ausgabe 1 von 1939 zu lesen: „Kurz nach der Jahrhundertwende wurde in J3, 16 die Wirtschaft ‚Zur Filzbach' eröffnet." Über die Namensgebung berichtete 1939 Frau Berger, die Witwe des damaligen Filzbachwirts Folgendes: „Als unsere Wirtschaft im Jahr 1900 noch im Rohbau war, kam der damals 80-jährige Fuhrunternehmer Schröder zu mir und meinem Mann und bat uns, die Wirtschaft doch Filzbach zu nennen, weil an dieser Stelle um 1850 ein Wassergraben gewesen sei, wo die Hutmacher ihr Filze gewaschen hätten. Wir sollten damit die Erinnerung an eine alte Zunft am Leben erhalten. Was wir dann auch taten." Was es mit dem Wassergraben tatsächlich auf sich hat, da streiten sich bis heute die Geister. Geologisch gesehen ist nämlich keine Wasserquelle in diesem Gebiet nachweisbar. Nun, Wasser hin oder her, fest steht, dass das Viertel bis Mitte des 19. Jahrhunderts „Linse- und Erbseviertel" hieß und erst ab 1900 im Volksmund „Filsbach" genannt wurde.

Zur Klärung, wo sich denn nun diese Filsbach genau befunden habe, kann auch der nachfolgende Witz vom Blumepeter, dem unvergessenen Mannheimer Original, beitragen.
Eines Tages betritt der Blumepeter einen Laden, wo es allerhand heimische und exotische Tiere zu kaufen gibt.
„Sachese mol, kennde se mer so Stigger zwee- bis dreihunnad lebendische Fleeh un Wanze besorge?"
Dem Verkäufer bleibt die Spucke weg: „So was ist mir ja noch nie vorgekommen. Wozu brauchen Sie denn das Ungeziefer?"
„Ha, mer wohne in de Filsbach unne, un misse in de neckschde Woch ausziehe. Un de Hausherr hod verlongt, dass mer die Wohnung so verlosse, wie mer se vor finf Johr ongedroffe hawwe."
Ein Witz mit einem hohen Wahrheitsgehalt.
Zweifellos sind die Filsbach, der Jungbusch und die Neckarstadt-West traditionelle Arbeiterviertel, die ihre Ursprünge im Hafenausbau und der Industrialisierung ab der Mitte des 19. Jahrhunderts haben. Es war eine reine Armutszuwanderung aus den umliegenden Regionen bis hin zum Elsass und der Schweiz. Alle strömten nach Mannheim, wo es Arbeit gab. Man wollte natürlich auch in der Nähe seines Arbeitsplatzes wohnen, also so nahe wie möglich beim Hafen und den Fabriken auf der Friesenheimer Insel.
Hundert Jahre später kam es wieder zu einer Einwanderungswelle, dieses Mal waren es Menschen aus Südeuropa, die sich in diesen Stadtteilen niederließen. Und seit dem neuen Jahrtausend sind es Menschen aus aller Welt, die vornehmlich hier eine neue Heimat suchen. In der Westlichen Unterstadt – nach dem Brockhaus also in der Filsbach – lebten 2012 bereits 70–80 % Menschen türkischer Abstammung. Entsprechend haben sich die Straßen zwischen den G- und H-Quadraten und die Parallelstraße zur Breiten Straße verändert. Hier reihen sich Boutiquen

mit prächtigen Hochzeitskleidern, Gold- oder Schmuckgeschäfte, Grillrestaurants, Döner-Imbisse, türkische Supermärkte und Bäckereien sowie Gemüseläden aneinander. Insbesondere am Samstag herrscht ein reges Treiben. „Ich gehe gerne in diese Quadrate bei meinem samstäglichen Marktbesuch“, meint Ingrid scherzend, „ich bekomme da immer so ein Urlaubsfeeling.“
Vor einigen Jahren gab es einen Wettbewerb, wie man dieses Areal nennen sollte. Am Schluss entschied man sich für „Türkisches Carré“. „Ich hätte ‚Filstanbul‘ vorgeschlagen, im Sinne der Integration“, meint Roland, der an dem Wettbewerb teilgenommen hatte, augenzwinkernd.

Pariser Revue mit Nackedeis

Um das Moulin Rouge oder die Pigalle zu besuchen, mussten die Mannheimer zwischen den 50er- und 90er-Jahren nicht nach Paris fahren. Nein, sie konnten getrost daheim bleiben, denn diese Etablissements gab es direkt vor ihrer Haustür.
Das Moulin Rouge war eine Bar in der Beilstraße im Jungbusch. „Als ich vor fünfzehn Jahren an einer Führung durch den Jungbusch teilnahm, gab es die Bar schon nicht mehr, aber das Aushängeschild existierte noch immer“, berichtet Annette, deren Tante einst im Jungbusch wohnte, „es war eine Leuchtreklame in Form einer roten Mühle, angelehnt an das Moulin Rouge in Paris. Als wir damals dort stehen blieben, öffnete sich plötzlich die Haustür und ein alter Mann winkte uns zu sich. Mit stolzgeschwellter Brust und einem Glänzen in den Augen, das darauf schließen ließ, dass er sich nach den alten Zeiten zurücksehnte, erzählte er uns, dass er über Jahrzehnte hinweg als Türsteher

in der Bar gearbeitet habe. Irgendwie hat uns das gerührt, aber auch erstaunt", meint Annette weiter, „denn die Bars im Jungbusch hatten zu der Zeit so ziemlich alle einen zweifelhaften Ruf. Aber für diesen Mann war es anscheinend viel mehr als nur eine Arbeitsstelle gewesen."

Die oben erwähnte Pigalle befand sich ganz woanders, nämlich am Tattersall. Hier traten leicht geschürzte Mädchen auf, tanzten und sangen und boten ihren Gästen einen unterhaltsamen Abend. Beide Etablissements gehören jedoch längst der Vergangenheit an.

Möchte man heute in Mannheim Kleinkunst, Tanz, Gesang, Letzteren sogar begleitet von einem Live-Orchester, und ein köstliches Menü genießen, muss man sich gedulden, bis im Herbst das Palazzo seine Zelte aufschlägt. Wer nun jedoch glaubt, das alles sei neu, der irrt gewaltig! Denn bereits 1898 eröffnete in G6, 3 das Apollo-Theater an der Stelle, wo sich seit dem 18. Jahrhundert der Badner Hof, ein Alt-Mannheimer Vergnügungslokal mit einem Saal für Tanzveranstaltungen und Versammlungen aller Art befunden hatte. In dessen Sommergarten gab es Theateraufführungen wie heute auf den Freilichtbühnen. Das „Apollo-Theater mit Restaurant" war riesig, bot tausend Sitz- und fünfhundert Stehplätze.

Ein Blick in den Spielplan von 1905/1906 verrät, welche Attraktionen geboten wurden. Man findet Soubretten, Bravourtänzerinnen, Pierrots, Mimiker, Prestidigitateure (Taschenspieler, Zauberkünstler), Ventriloquisten (Bauchredner), Entfesslungskünstler, Kunstradfahrer und sogar Hypnotisten. Die Namen der Künstler zeigen, dass es ein sehr internationales Ensemble war: das „John-Smith-Trio", das „Duo Rossi", die Tänzerinnen Semerelda und Senitza oder die weltberühmte japanische Truppe „Okabe Family" mit „ikarischen Spielen" (Akrobatik). Und schließlich gastierten im

Klara Richter trat bei einem Gastspiel im Apollo-Theater auf.

„Apollo-Theater" echte Stars der damaligen Zeit wie Tilla Durieux, Kurt Goetz, Otto Reutter, Wilhelm Millowitsch aus Köln und der berühmte Tenor Richard Tauber – oder Rastelli, der König der Jongleure, sowie die bekannten Clowns Grock und Charlie Rivel, Letztgenannter bekannt als „Akrobat Schön".
Aber die Räumlichkeiten wurden auch noch anderweitig genutzt. So fanden einmal im Jahr Ringkämpfe im römisch-griechischen Stil statt. In den Nebenräumen hielt der „Feuerio" seine Fastnachtssitzungen ab und veranstaltete Maskenbälle.
Nach dem Ersten Weltkrieg wurden Operetten gezeigt. Die Aufführungen waren so beliebt, dass sich das Apollo-Theater sogar

ein eigenes Operettenorchester leistete. „Meine Mutter hat ihr Leben lang vom Apollo-Theater geschwärmt“, erinnert sich Eleonore, die mit ihren Eltern im Jungbusch wohnte. „Sie liebte Operetten und besuchte mit meinem Vater alle möglichen Aufführungen von der Lustigen Witwe bis zum Vetter aus Dingsda. Allerdings konnten sie sich nur einen Stehplatz für 60 Pfennig leisten. Ein Sitzplatz hätte 6 Mark gekostet. Das war damals viel Geld.“
Es gab neben den Operetten aber auch hochkarätige Theater-Momente im Apollo-Theater, die man dort nicht unbedingt vermutet hätte. So inszenierte der avantgardistische Regisseur Erwin Piscator 1928 zwei Stücke, unter anderen von Carl Credé „§218 – Frauen in Not“. Man kann sich gut vorstellen, dass die Reaktionen darauf äußerst widersprüchlich waren. Ein Highlight war sicherlich ein Gastspiel mit dem großen deutschen Schauspieler Heinrich George, dem Vater von Götz George, vom 8. bis 11. April 1932.

Das Apollo-Theater mit seinem eleganten neobarocken Ambiente zählte zu den schönsten Varieté-Theatern Süddeutschlands.

1935 fiel der Bühnenvorhang zum letzten Mal. Es war eine Varieté-Vorstellung. Die Ära sollte so enden, wie sie begonnen hatte. „Eine Pariser Revue mit Nackedeis“ titelte die „Rhein-Neckar-Zeitung“. Im Zuge der Altstadtsanierung durch die nationalsozialistische Stadtverwaltung wurde das gesamte Quadrat G6 abgerissen und neu bebaut.

Steht man heute vor dem Wohnkomplex, der den Zweiten Weltkrieg fast unbeschadet überstanden hat, erinnern lediglich eine Gedenktafel und ein paar Bilder an das legendäre Theater. „Meine Mutter hat immer gesagt, dass die sogenannte Altstadtsanierung an dieser Stelle nur ein Vorwand war“, meint Eleonore nachdenklich, „das Apollo-Theater sei den Nazis in mehrfacher Hinsicht ein Dorn im Auge gewesen. Zum einen hätten ‚Nackedeis‘ so gar nicht zum Frauenbild der Nazis gepasst, denn die hätten den Frauen lieber ein Mutterkreuz um den Hals gehängt, und zum anderen sei ein doch offensichtlicher Grund der Name des Theaterdirektors gewesen. Der hieß nämlich Salomon Zacharias …“

Heute erinnert ein Stolperstein an den jüdischen Theaterdirektor. Der gebürtige Mainzer (1881–1939) lebte mit seiner Familie seit 1907 in Mannheim, wo er die Leitung des Apollo-Theater übernahm. Seine in den USA geborene Frau führte das dazugehörige Restaurant d’Alsace. Beide genossen ein hohes Ansehen in der Mannheimer Gesellschaft. Salomon Zacharias war u. a. Mitglied im Ruderclub Amicitia. Als überzeugter Patriot zog er in den Ersten Weltkrieg, wo er verwundet wurde. Als er 1935 sein Apollo-Theater schließen musste, stand Salomon Zacharias vor den Scherben seines Lebenswerkes. Er verkraftete es nie. Seine Frau konnte sich aufgrund ihrer amerikanischen Staatsbürgerschaft 1938 nach New York absetzen. Dort versuchte sie vergeblich ein Visum für ihren Mann zu bekommen. 1939 floh Salomon Zacharias in die Schweiz. Er verstarb 58-jährig im Tessin.

Ein dreifach Mannemer Ahoi

War doch klar, dass die Mannheimer ihren eigenen Schlachtruf an Fastnacht brauchten. Helau und Alaf konnten es schließlich nicht sein, das nahmen schon die Mainzer und Kölner für sich in Anspruch. Aber „Ahoi", das hatte was, und am besten gleich ein „dreifach Mannemer Ahoi!" Dieser Ruf passte, war den Mannheimern, deren Stadt gleich an zwei Flüssen liegt und deren Hafen der zweitgrößte Binnenhafen Deutschland ist, wahrlich auf den Leib geschneidert.

„Ahoi! Das schrien wir als Kinder, wenn die Motivwagen, die Schwellköpp, die Musikanten, die Garden in ihren schmucken Uniformen und die Gruppen der verschiedenen Fastnachtsvereine durch die Planken und die Breite Straße zogen. Und um unserem Ruf Nachdruck zu verleihen, brüllten wir bevorzugt und inbrünstig das Dreifach Monnemer Ahoi in der Hoffnung, die vorbeiziehenden Fastnachter würden ganz besonders tief in ihre ‚Gudseldudd' greifen, um sogleich einen Regen von Leckereien über unsere Köpfe zu ergießen. Natürlich waren wir mit großen Plastiktüten zum Einsammeln unserer Schätze gewappnet. Wir waren nicht zimperlich. Manchmal entdeckten wir mitten auf der Fahrbahn in den Straßenbahnschienen Gutsel, die die anderen übersehen hatten. Wir versuchten waghalsig dahin zu springen, wollten zwischen den Hufen der Pferde hindurchhuschen und schnell danach greifen. Aber meist packte uns ein Schutzmann am Schlawittchen und schob uns zurück an den Straßenrand in die Reihe der Schunkelnden, Singenden und Grölenden.

Von Vorteil war es, wenn Regenwetter angesagt war. Wir zweckentfremdeten unsere Schirme und hielten sie verkehrt herum. Mit etwas Glück landete auf diese Weise gleich eine gan-

Bob Haag, dem u. a. die „Alte Münz" gehörte, verstand es schon als junger Mann, seine Gäste zu unterhalten. Er starb 2008 unter tragischen Umständen.

ze Handvoll Gutsel darin", erinnert sich Rainer, der sich keinen Fastnachtszug entgehen ließ.

Der Fastnachtszug zieht bis heute abwechselnd im einen Jahr durch Mannheim und im anderen durch Ludwigshafen. Alle möglichen Vereine von „hiwwe und driwwe" nehmen daran teil. Dementsprechend lang ist er mit über hundert Nummern. Das ist kein Wunder, denn allein in Mannheim hat fast jeder Stadtteil und Vorort seinen eigenen Fastnachtsverein. Schauen wir uns die doch mal genauer an. Da gibt es die Stichler in Sandhofen, die Karnevalsgesellschaft Grün-Weiß auf der Schönau, den Carneval Club Waldhof, die Neckarstädter Narrengilde, die Karlsterner Hexen aus der Gartenstadt, die GroKaGeLi auf dem Lindenhof, die Sandhasen auf der Rheinau, die Pilwe in Neckarau, die Gowe in Wallstadt, die Zabbe in Seckenheim, die Schlabbdewel in Friedrichsfeld, und es gibt sogar Vororte, die sich gleich mehrere Fastnachtsvereine leisten. So haben die Feudenheimer den Lallehaag, die Aulaner und den Narrebloos

Prinz Max und die Käfertäler die Spargelstecher und die Löwenjäger. Erwähnt seien auch die Mannemer Stroseridder, die Blauen Funken, die Schlappmäuler, der Karnevalverein Mannheimer Traditionscorps, die Fröhlich Pfalz mit der Ranzengarde und natürlich der größte und bekannteste Mannheimer Verein, der Feuerio.
Die meisten Mannheimer sind überzeugte Fastnachter, es passt zu ihrem Kurpfälzer Temperament, die närrischen Tage intensiv zu feiern. Viele erinnern sich, dass ihre Mütter und Großmütter in ihrer Kindheit die Wohnung rechtzeitig zu den tollen Tagen mit Fastnachtsrollen und Luftballons dekorierten und natürlich Fastnachtsküchle backten. „Meine Eltern ließen keinen Kappenabend aus. Die gab es meist schon Wochen, bevor die Fastnacht richtig losging. In vielen Wirtschaften war was los. Ein Fastnachtslied nach dem anderen wurde gesungen. Es wurde geschunkelt und geschwoft und natürlich blieb auch keine Kehle trocken“, erinnert sich Bärbel, die es wissen muss, denn als sie älter war, nahmen ihre Eltern sie mit. Sie fügt lachend hinzu: „Das ging so weiter bis zum Aschermittwoch. Da war man dann richtig fertig. Es gab einfach zu viele Möglichkeiten, es mal so richtig krachen zu lassen.“ Tatsächlich war über die tollen Tage unglaublich viel los. Am Fastnachtsamstag und am Rosenmontag gab es Fastnachtsbälle im Rosengarten. Da war Remmidemmi in allen Räumen. Im Mozart- und Musensaal sowie in den zahlreichen Foyers spielten unterschiedliche Bands. Sonntags wurde nach dem Fastnachtszug, egal ob in Mannheim oder Ludwigshafen, in jeder Kneipe und Bar, aber auch in ganz normalen Gaststätten weitergefeiert. Und am Dienstag ging’s dann auf die Gass. Ab 14 Uhr schlossen die meisten Betriebe und Geschäfte in der Innenstadt. Auf den Planken und in der Breiten Straße wurde die Straßenfastnacht gefeiert. Es gab noch klei-

ne Umzüge und von überallher ertönte Musik. In der Münzgass zwischen P6 und P7 gab es kein Durchkommen mehr. Wer auf sich hielt, fand sich bei Bob Haag in der Alten Münz ein. Meist trafen sich dort ganze Freundeskreise, standen um die hohen Stehtische herum, tranken Sekt und lachten ausgelassen. Viele tanzten auf der Stelle, um sich aufzuwärmen.

Der Feuerio stellt bis heute jedes Jahr den Mannheimer Faschingsprinzen.

„Do war's vun unne her so was vun kald. Isch hab als Fieß kabbd wie Eiskletz. Awer do war imma ä mordsmeesisch gudi Stimmung. Debei soi war halt alles." Annemarie, die Stammgast in der Alten Münz war, denkt gerne an die Zeit zurück. Bei so viel guter Laune war das für viele die passende Gelegenheit, jemanden Nettes kennenzulernen. Wenn man am Dienstagnachmittag versuchte, in eines der großen Gasthäuser, wie beispielsweise das Andechser, das Habereckl, das Eichbaum, das Henninger oder die Badische Weinstube, hineinzukommen, war das meist vergebliche Liebesmühe. Sie waren alle knallevoll. Oft hatten die Wirte Musiker engagiert. Alle saßen wie die Heringe nebeneinander oder schwoften fast stehend auf einer kleinen improvisierten Tanzfläche. Es herrschte ein Höllenlärm und die Stimmung war am Überkochen. So ging das bis nachts um 12, bis die Fastnacht zu Grabe getragen wurde. Um dem unvermeidlichen Kater am nächsten Tag entgegenzuwirken, boten viele Wirtshäuser ihren Gästen am Aschermittwoch ein Heringsessen an.
Es gab jede Menge Faschingsveranstaltungen über die tollen Tage hinweg: beispielsweise in der Rheingoldhalle, dem Kulturhaus Käfertal, der Uni oder bei der Tanzschule Lamadé. Etwas ganz Besonderes war der Fastnachtsball im Nationaltheater. Dort gab es ein Bühnenprogramm mit Auftritten des Ensembles. Im ganzen Haus war der Bär los. Man konnte nicht nur im Foyer, sondern auch auf den Bühnen des Großen und Kleinen Hauses tanzen. Das war wirklich außergewöhnlich. Wann kam man als normaler Sterblicher schon mal auf die Bühne?
Vieles von damals ist geblieben, lebt weiter. Vieles gibt es allerdings in der Art nicht mehr. Es musste Neuem weichen, weil sich die Zeiten und Vorlieben über die Jahrzehnte hinweg verändert haben.

Der falsche Fastnachtspräsident

„Es muss so Mitte der 70er-Jahre gewesen sein, als ich mit meinen Eltern und deren Freunden zum Fastnachtssamstagball der Löwenjäger ins Kulturhaus Käfertal ging“, beginnt Liselotte zu berichten. „Es war ein prächtig geschmückter Saal. Oben auf der Bühne war eine Big Band, die Fastnachtsmusik, aber auch Popmusik und Schlager spielte. Die Veranstaltung war ausver-

Liselottes Eltern (rechts) maskierten sich jedes Jahr und feierten bis ins hohe Alter Fastnacht.

kauft. Es gab nicht einmal mehr sogenannte Laufkarten. Wir waren alle maskiert, Meine Mutter ging als Charleston-Dame. Ich selbst trug ein goldenes Kleid mit knallroter Federboa. Mein Vater hatte sich wie jedes Jahr als Kapitän verkleidet. Er sah richtig edel aus mit seiner eleganten Kapitänsmütze und seinem dunkelblauen Anzug, an dem alle möglichen Orden prangten.

Wir hatten alle in einer der Tischreihen Platz genommen und lauschten dem Conférencier, der die Programmpunkte vorstellte. Sänger, Büttenredner, vor allem aber die Tanzgarde der Löwenjäger würden im Laufe des Abends auftreten. Nach jeder seiner Ankündigungen spielte die Kapelle einen Tusch. „Insbesondere freuen wir uns“, fuhr der Conférencier fort, „dass wir heute Abend einen Überraschungsgast für Sie haben. Es ist mir eine besondere Ehre, den Präsidenten eines befreundeten Fastnachtsvereins hier bei uns empfangen zu dürfen. Sie dürfen gespannt sein!“

Danach wurde erst mal Stimmung gemacht. Wir sangen Fastnachtslieder, schunkelten, tanzten, aßen und tranken. Irgend-

Die Garde der Löwenjäger war sehr erfolgreich und gewann mehrere Meisterschaften.

wann meinte mein Vater, er müsse mal kurz die Toilette aufsuchen. Er verließ den Saal, während wir weiterfeierten. Nach einer Weile stimmte die Kapelle plötzlich den kurzen Narrhallamarsch an, was stets ein Zeichen dafür war, dass jemand auftrat. Der Conférencier trat ans Mikrofon und verkündete: „Lassen Sie uns den Präsidenten mit einem herzlichen Applaus begrüßen!“ Wieder ertönte der Narhallamarsch. Die große Tür, die durch den Saal zur Bühne führte, öffnete sich und der Präsident, geleitet von den hübschesten Funkenmariechen der Tanzgarde, schritt winkend durch die jubelnde Menge hindurch zur Bühne. Meine Mutter wurde bleich, während ich einen Lachkrampf bekam. Denn der Mann, der nun die Treppen zur Bühne hochstieg, war niemand anders als mein Vater. Er wurde herzlich von dem Conférencier empfangen, der ihm sogleich das Mikrofon übergab. Und mein Vater, man mag es kaum glauben, hielt eine kurze Rede aus dem Stand heraus und rief immer wieder in den Saal: ‚Ein dreifach Mannemer Ahoi!‘
Als dann die Kapelle erneut den Narhallamarsch anstimmte, forderte er die jubelnden Leute auf, die Mannheimer Version mitzusingen. Und während man ihn hinausgeleitete, sangen sie:
Ritz am Bo
Ritz am Bo,
morsche fangd die Fassnachd o.
Oh, wass hawwe die Monnemer Meedsche schääne Bää …

Was niemand im Saal mitbekommen hatte, war, dass der richtige Präsident eingetroffen war, kurz nachdem mein Vater auf der Bühne gestanden hatte. Er hatte dem Türsteher vehement versichert, dass er der wahre Präsident sei. Der Türsteher hatte jedoch lachend abgewinkt: „Denn Beer kennese jemand annerschd uffbinne!“ Er glaubte ihm kein Wort.

Denkmal nach!

Wenn wir durch unsere Stadt schlendern, gehen wir an so manchem Denkmal vorbei und nehmen es nicht wirklich zur Kenntnis. Das ist seltsam, denn der Begriff „Denkmal“ enthält die Aufforderung, über das Dargestellte nachzudenken. Machen wir einmal einen Rundgang durch die Mannheimer Innenstadt und schauen wir uns das ein oder andere Denkmal (mal) etwas genauer an.

Begeben wir uns zunächst nach O5 in die Kapuzinerplanken. Da sitzt er, unser Blumepeter. Allerdings saß er da nicht immer. Die auf Initiative des „Feuerio“ von dem Bildhauer Gerd Dehof gestaltete Figur des Mannheimer Originals wurde nämlich 1967 gegenüber in N4 auf dem Kapuzinerplatz zu Beginn des ersten Blumepeterfestes eingeweiht. Mit den Jahren entwickelte es sich zum größten regionalen Wohlfahrtsfest. Darum wechselte man 1990 hinüber auf die geräumigeren Kapuzinerplanken und nahm den Blumepeter mit. Was man bei dem Umzug nicht beachtete, war, dass der kleine Blumenverkäufer nun nicht mehr, wie vom Künstler beabsichtigt, mit seinem Finger in Richtung Unterstadt und Marktplatz deutete, wo er lebte und hauptsächlich wirkte.

Aber mittlerweile macht das sogar irgendwie Sinn, denn seit Jahren findet das Blumepeterfest um den Wasserturm herum statt. Und da zeigt Peter schließlich hin. Bloß konnte das damals keiner wissen …

Es gibt noch andere Denkmäler, die wir dem Bildhauer Gerd Dehof verdanken, der ab 1957 an der Freien Akademie der Künste und danach an der Städtischen Fachhochschule für Bildhauerkunst und Plastisches Gestalten lehrte. So stammen von ihm das Sackträgerdenkmal im Jungbusch und der Bloomaulorden. Den vergibt die Stadt Mannheim seit 1970 alljährlich Personen, die sich verdient gemacht haben und die „Monnema Sproch“ pflegen.

Das Schicksal, von einem Ort zum anderen verlegt zu werden, widerfuhr einem weiteren Denkmal, dem Mannheimer Friedensengel. Er wurde am Volkstrauertag 1952 in Anwesenheit des damaligen Bundeskanzlers Konrad Adenauer am Schillerplatz neben der Jesuitenkirche eingeweiht. Der Berliner Künstler Gerhard Marcks war ein Jahr zuvor beauftragt worden, ein Denkmal für alle Opfer des Nationalsozialismus zu schaffen.

Die Mannheimer lieben ihren „Blumepeter" und nicht selten drücken sie ihm ein paar Blümchen in die Hand. Neben dem Denkmal halten zahlreiche Bücher und seit 2021 sogar ein Musical die Erinnerung an das Mannheimer Original wach.

Man hatte ihm den Auftrag erteilt, weil er einer der Künstler war, dessen Werke die Nazis 1937 in der NS-Propaganda-Ausstellung „Entartete Kunst“ in München diffamiert hatten. Er entwarf eine drei Meter hohe Engelsfigur aus Bronze mit ausgebreiteten

Skulptur „Die Flötenspielerin“ mit fragwürdiger Vergangenheit.

Flügeln. Um ihr Leichtigkeit zu verleihen, stellte er sie schräg auf die Zehenspitzen, so als wolle sie jeden Moment abheben. Diese Gestaltungart animierte allerdings das lockere Mundwerk so mancher Bürger. Bald schon hatte die Figur im Mannheimer Volksmund den Beinamen „Die schebb Lissl". 1983 wurde der Friedensengel nach E6 neben die Spitalkirche versetzt, da man an ihrem ursprünglichen Standort andere Bebauungspläne realisierte.

Erwähnt sei in diesem Zusammenhang das ebenfalls an diesem Platz errichtete Denkmal mit der Inschrift: „Zum Gedenken an die Mannheimer Sinti, die dem Völkermord im Nationalsozialismus zum Opfer fielen". Es ist ein bescheidener, rechteckiger, schwarzer Metallquader, der vielleicht gerade wegen dieser Schlichtheit besonders unter die Haut geht.

Manchmal vermitteln Denkmäler Eindrücke, deren Schein bei näherem Hinsehen trügt. So wurde zu Beginn der 50er-Jahre in den Lauerschen Gärten in M6 Hermann Geibels „Flötenspielerin" aufgestellt. Die anmutende Mädchenfigur sollte den durch die NS-Diktatur und den Zweiten Weltkrieg schwer gebeutelten Bürgern ein Gefühl von Frieden und Harmonie vermitteln. Kennt man die Geschichte der Skulptur, mag dieses Gefühl jedoch nicht wirklich aufkommen, denn die Flötenspielerin befindet sich bereits im Katalog der „Großen Deutschen Kunstausstellung" von 1937 bis 1939 in München. Dort wurden Werke von Künstlern gezeigt, die dem Nazi-Regime genehm waren. Der Bildhauer Hermann Geibel, der seit 1934 eine Professur an der TH Darmstadt innehatte, war bei dieser Ausstellung mit sechs seiner Werke vertreten. Er wurde von Adolf Hitler auf die „Führerliste" gesetzt, auf der die wichtigsten Künstler des NS-Staates aufgeführt waren. Manche Denkmäler geben einem wahrlich zu denken.

Ä eschdes Bloomaul

... das ist Helen Heberer ganz bestimmt. Die ehemalige Landtagsabgeordnete, die seit 1999 dem Mannheimer Gemeinderat angehört, liebt es, neben ihrer politischen Arbeit Gedichte und Balladen von Johann Wolfgang von Goethe und Friedrich Schiller zu rezitieren. Das macht die Dozentin für Sprecherziehung und Theaterpädagogik in feinstem Hochdeutsch, und sie hat sogar eine CD herausgebracht. „Sie kann awwer aa babble, so wie ere de Schnawwel gewaxe iss“. Letztere Fähigkeit ist eine der wichtigsten Voraussetzungen, um auf die Anwärterliste der höchsten bürgerschaftlichen Auszeichnung unserer Stadt, den „Bloomaulorden“ zu gelangen. Aber darüber hinaus sollte der künftige Ordensträger etwas in der Stadt bewirkt haben, humorvoll und schlagfertig sein und vor allem das Herz am rechten Fleck haben. So wie man sich eben den typischen Kurpfälzer vorstellt (zumindest im Idealfall ...).

Mannheim verdankt den Bloomaulorden (der Begriff „Bloomaul“ kommt aus dem Mittelhochdeutschen und meint in etwa so viel wie: jemand, der kein Blatt vor den Mund nimmt) dem Verleger Rainer von Schilling. Er wurde 1970 von der „Feuerio“ zum Mannheimer Stadtprinzen ernannt und stiftete während seiner karnevalistischen Amtszeit den Bloomaulorden. Der war zunächst nur als Fastnachtsorden gedacht, avancierte jedoch schon bald zu einer Art Mannheimer Verdienstkreuz.

Der Orden, der auf einen Entwurf des Künstler Gerd Dehof aus dem Jahr 1966 zurückgeht, war eigentlich für einen Brunnen, den der Mannheimer Morgen stiftete, gedacht. Allerdings stieß die Bronzeskulptur des nach vorne gebeugten Blumepeters, der breitbeinig dasteht, allen seinen Hintern entgegenstreckt und schelmisch zwischen seinen Beinen hervorgrinst, auf wenig

Wohlwollen. Man empfand sie als anstößig und lehnte es ab, sie am geplanten Standort zu platzieren. Rainer von Schilling sah dies nicht so, sondern erkannte die humoristische Tiefgründigkeit dieser Darstellung und ließ einen Abguss der Bronzeskulptur anfertigen. Fortan wurde der Orden jedes Jahr von einem dreiköpfigen Gremium verliehen. Das ist so bis heute.
Helen Heberer erinnert sich lebhaft an den Fastnachtsonntag, an dem man ihr 2017 den Bloomaulorden überreichte. „Die Verleihung fand wie immer im Nationaltheater innerhalb einer Vorstellung statt. Damals wurde ‚My fair Lady' aufgeführt, mit einem grandiosen Bühnenbild, gekrönt von einer riesigen, leicht ge-

Helen Heberer brachte alle Voraussetzungen mit, um den Bloomaulorden zu erhalten.

schwungenen Freitreppe im Zentrum“, erzählt sie und fährt fort: „Die Verleihungszeremonie verlief wie immer ganz protokollarisch ab. Der Ordensträger des Vorjahrs musste die Laudatio halten. In meinem Fall war das der bekannte Mannheimer Musiker Joachim Schäfer. Ich kam natürlich auch nicht ungeschoren davon, denn der neue Preisträger muss stets etwas zum Besten geben und eine Rede halten. Irgendwie kamen sie dahinter, dass ich Tuba spiele. Und somit war mein Schicksal besiegelt. Ich durfte ‚Es grünt so grün, wenn Spaniens Blüten blühen‘ spielen, während ich die Treppe hinunterschritt. Das Auswahlkomitee, bestehend aus Prof. Marcus Haas, Prof. Achim Weizel und Bert Siegelmann, sang derweilen auf Mannheimerisch: ‚Es blood so blo, wenn Mannems Bloommeiler blooen …‘
Mein Auftritt war gar nicht so ohne, denn es war wahrlich eine Herausforderung, mit diesem riesigen Instrument die Treppe hinabzusteigen. Es muss auch komisch ausgesehen haben, denn mein Anblick löste schallendes Gelächter aus. Da ich nicht sehr groß bin, sahen die Zuschauer nämlich nur eine Tuba auf Beinen herunterkommen. Aber ich wurde für meinen Mut belohnt. Denn als ich die Tuba ablegte und die Leute mich erkannten, erscholl tosender Applaus. Ich wurde empfangen mit den Worten: ‚Hier haben wir also unsere Fair Lady‘. Danach hielt Joachim Schäfer seine Laudatio auf mich. Er sprach jedoch nicht, sondern sang sie auf die Melodie eines Beatles-Songs. Am Schluss stimmte das ganze Publikum mit ein. Die Veranstaltung war unglaublich stimmungsvoll.“
Was fast niemand weiß, ist, dass Helen Heberer wahrscheinlich das einzige Bloomaul ist, das diesen Orden zweimal besitzt. Da sie nicht damit rechnete, ihn eines Tages tatsächlich verliehen zu bekommen, hatte sie viele Jahre zuvor einen Bloomaulorden auf einem Flohmarkt erworben. Nun stehen die beiden bei ihr zu

Hause nebeneinander. Stellt sich nur die Frage, wem das Flohmarktschnäppchen ursprünglich einmal verliehen worden war? Helen Heberer befindet sich übrigens als Trägerin des Bloomaulordens in guter Gesellschaft, denn vor und nach ihr wurde er an zahlreiche Prominente verliehen, die weit über die Region bekannt sind, u. a. an Anneliese Rothenberger, Prof. Dr. Heinz Haber, Seppl Herberger, Carl Raddatz, Joy Fleming, Elsbeth Janda, Joana und Bülent Ceylan.

Saturday Night Fever in Mannem

„Wir tanzten unter der funkelnden Discokugel und bewegten uns sexy auf Donna Summers ‚Love to Love you Baby' oder auf ‚Lady Marmalade." Beate, die eine leidenschaftliche Disco-Besucherin war, lächelt, wenn sie an die alten Zeiten denkt: „Am liebsten zog ich meinen weißen MG-Overall an. Der war echt cool. Weiße Klamotten waren Klasse, darin fiel man in der Disco auf." Tatsächlich war es so, dass die Farbe Weiß im Schwarzlicht am effektvollsten erstrahlte. Getoppt wurde diese Wirkung durch die Zuschaltung des flackernden Strobo-Lichts. Diese technische Neuheit animierte viele zu noch exzessiveren Tanzbewegungen. Durch die zuckenden Lichtblitze erschien alles wie im Zeitraffer. Das übte auf uns eine faszinierende Magie aus. Wurde darüber hinaus noch eine Nebelmaschine eingesetzt, fiel man fast in einen psychodelischen Trancezustand. „Das Schwarzlicht hatte übrigens auch Nachteile", erinnert sich Beate, „denn auf schwarzem Untergrund war jede einzelne weiße Haarschuppe erkennbar. Manche sahen aus, als wären sie gerade einer Schneekugel entsprungen."

„Ich fühlte mich oft wie Olivia Newton-John, träumte davon, dass John Travolta plötzlich auf der Tanzfläche erschiene und mich zu seiner Dancing-Queen erkoren würde“, schwärmt Beates Freundin Maria, verzieht jedoch gleich darauf das Gesicht. „Meist war es aber nur irgend so ein langweiliger Typ, der nicht mal gescheit tanzen konnte, so ein Travolta für Arme.“

Die Diskotheken, die es in Deutschland bereits seit 1959 gab, erlebten ihre „Hochzeit“ in den 70er-Jahren. Der Film „Saturday Night Fever“ wurde seinem Titel gerecht und löste ein regelrechtes Discofieber aus.

In Mannheims Innenstadt wurden ab den späten 60er- und zu Beginn der 70er-Jahre zahlreiche Diskotheken eröffnet. Aber es gab auch private Musikclubs, Musikkneipen und Bars. Dort

Angelika und Larry fanden in der Disco das Glück fürs Leben.

konnte man vornehmlich Platten hören, mitunter sogar Livemusik, und wer wollte, konnte tanzen. Vor allem aber ließen sich so ganz nebenbei Kontakte knüpfen. Fragt man die damaligen Besucher nach ihren Lieblingslocations, fallen unzählige Namen wie Cockpit, Club 1900, Kule, Big Ben, Broadway, Chalet, Alster-Café, Töff-Töff, Ascot, Le Bateau, Echo 63, Mash, Show Boat oder die Phora-Diskothek. Viele Namen sind längst in Vergessenheit geraten. Aber in der Erinnerung lebt so manches persönliche Erlebnis weiter. Gudrun amüsiert sich bis heute über den Junggesellen, den sie im Pascha-Club im Collini-Center kennenlernte und der stets einen Rolli anhatte. Irgendwann fragte sie ihn, warum er denn nie ein Hemd trage. Daraufhin erklärte er ihr in sachlichem Ton: „Ein Rolli ist doch viel praktischer. Den muss ich nicht bügeln. Weeschd wie isch mään?!“

Die meisten ledigen jungen Frauen wussten genau, welcher Wochenendtag am günstigsten zum Ausgehen war. Isolde erklärt das recht anschaulich. „Freitagsabends musste man ganz genau aufpassen, auf wen man sich einließ. Da waren viele verheiratete Männer unterwegs. Meist kamen sie vom Sport. Daheim erzählten sie wahrheitsgemäß, dass sie mit ihren Kumpels hinterher noch etwas trinken würden. Dass dieser Umtrunk in einer Disco stattfand, also beim Ringelpiez mit Anfassen, behielten sie wahrscheinlich für sich. Samstags war es besser. Nur waren da leider auch viele Paare unterwegs. Am günstigsten war der Sonntagabend. Da konnte man davon ausgehen, dass hauptsächlich Singles unterwegs waren.“ Zweifellos eine interessante Philosophie, die einer gewissen Logik nicht entbehrt.

An welchem Abend Margit ihren Johnny und Angelika ihren Larry kennenlernten, sei dahingestellt. Fakt ist, beide waren fasziniert von Soulmusik. Und so gingen sie ins Melanie in T2, ins

Das Tiffany befindet sich mittlerweile seit 54 Jahren in der Vetter-Passage in O7.

Owuzzi in H3, ins Gin-Gin in S3 oder ins Top Ten in S1, das zuvor viele als Kessy kannten. Beide lernten im Top Ten ihre amerikanischen Männer kennen, mit denen sie nun schon fast 50 Jahre glücklich verheiratet sind. Wie man sieht, konnte man manchmal in der Disco sein Glück fürs Leben finden.

„Man musste damals schon ziemlich couragiert sein, um als Frau einen Mann zum Tanzen aufzufordern. Das war absolut unüblich“ erzählt Ingrid, „und so saß man da und wartete. Leider war es oft nicht unbedingt der Märchenprinz, der auf einen zukam. Insbesondere wenn ein Stehblues aufgelegt wurde, konnte es sein, dass das unvermeidbare Grauen auf einen zusteuerte." „Das Le Jardin in K2, 32 war in den 80er-Jahren ein beliebter Treff für Gays, Lesben und überhaupt alle coolen Leute. Es sah etwas verrucht aus mit seinen kleinen Fensterchen an der Eingangstür zur Einlasskontrolle", meint Wolfgang, „aber die spielten echt gute Musik, alles vom 80er-Pop bis hin zu Marianne Rosenberg."

Zu den bekanntesten Diskotheken der 60er- und 70er-Jahre zählten der Adams Club-Exquisit in am Kaiserring, das Piccadilly, das Carnaby und die Ringstuben. Sie gehörten Luzer Flurmann. Bei ihm gab es schon früh Livemusik. Herbert war an dem Abend im Carnaby, als Joy Fleming ihren Auftritt hatte und ohne Mikro „Leroy Brown" sang. „Das Stimmvolumen von Joy war unglaublich. Ich bekomme heute noch Gänsehaut, wenn ich an den Auftritt denke." Luzer Flurmann holte sogar internationale Gruppen nach Mannheim. Im März 1966 traten bei ihm „The Lords" auf, außerdem waren die „Tielmann Brothers", eine holländische Band mit indonesischen Wurzeln, des Öfteren bei ihm zu Gast. Die vier Musiker rockten die Bühne und waren in Mannheim sehr bekannt und beliebt. Sie waren auch mehrere Male im Gambrinus in U1 und im Boccaccio in J1.

Das Boccacio war die erste Diskothek, die Inge Reich gehörte. Die mittlerweile 88-jährige Dame ist eine der wenigen Zeitzeuginnen, die noch aus diesen vergangenen Zeiten zu erzählen vermag. Sie hatte das Boccacio zusammen mit ihrem Mann von 1967 bis 1979. Wenn sie über ihre Diskotheken spricht, tut sie das mit viel Herzblut. „Wir haben damals elegante Gala-Abende veranstaltet. Die waren äußerst beliebt. Alle haben sich in Schale geworfen. Wir boten stets ein exquisites Buffet mit allerlei Köstlichkeiten an. Zu diesen Anlässen haben wir immer populäre Sänger eingeladen: den Ricky Shayne, den Roberto Blanco, natürlich Joy & the Hit Kids, Costa Cordalis, Bernd Clüver und viele andere."

Bernd Clüver, der 1973 einen Nummer-Eins-Hit mit dem Titel „Der Junge mit der Mundharmonika hatte", wohnte übrigens zu dieser Zeit ganz in der Nähe, in U1 am Kurpfalzkreisel und zwar genau in dem Haus, in dem sich im 1. OG das Café Vienna und die Diskothek Alcazar befanden.

1975 übernahm Frau Reich die Räume des ehemaligen Scala-Kinos in P7 und eröffnete darin die Diskothek und das Café Le

Inge Reich hat die Getränkekarten ihrer Diskotheken und des Cafés aufbewahrt.

Journal. „Udo Jürgens war immer mal wieder bei uns zu Gast", erzählt sie, „er hat sich stets sehr wohlgefühlt. Die erste Zeit im Scala war schwierig, denn irgendwann stand die italienische Mafia vor meiner Tür. Sie wollten Schutzgeld kassieren." Frau Reich hält einen Moment inne: „Aber ich habe mich erfolgreich geweigert, auch wenn ich furchtbare Angst hatte. Trotzdem hatte ich letztendlich Glück. Ich habe mich mit meiner Haltung durchgesetzt und habe nicht einen Pfennig an die Mafia bezahlt."
Neben den Diskotheken gab es viele Studentenclubs. Das Coupé in der Nähe des Bahnhofs, in das auch Schüler hinein durften, das Thing in C8, die Tangente und schließlich das Genesis im Kellergewölbe in H7. Auch hier gab es zahlreiche Live-Auftritte von Pop bis Jazz.
Fast all diese Locations gibt es nicht mehr. Nur zwei Clubs, wie man sie heute nennt, haben überlebt. Diese sind das zuletzt genannte Genesis und die legendäre Diskothek Tiffany, die 2019 ihr 50-jähriges Bestehen feierte. In ihr tummelte sich jede Menge Prominenz. Hatte ein internationaler Künstler einen Auftritt im Rosengarten und wollte sich danach zerstreuen, konnte er das in unmittelbarer Nähe tun. Zum Tiffany war es nur ein Katzensprung. Und dass er vor unerwünschten Annäherungsversuchen oder Belästigungen verschont blieb, dafür sorgte ein Türsteher. Der schaute genau hin, wen er hineinließ und wen nicht. Den Türsteher gibt es übrigens bis heute. Vielleicht mit ein Grund, dass sich die ehemalige Diskothek so lange halten konnte und ihr die Stammkunden über die Jahrzehnte hinweg die Treue hielten.

Cola-Ball-Erinnerungen

Viele erinnern sich an die großen Musik- und Tanzveranstaltungen wie die berühmten Shuffle-Boat-Partys. Vor allem aber sind es die Cola-Bälle im Musensaal des Rosengartens, die unvergessen sind. Diese alkoholfreien Tanzabende mit Livemusik wurden seit den 50er-Jahren vom Stadtjugendring organisiert und waren bei der Jugend sehr beliebt, insbesondere wenn Rock 'n' Roll gespielt wurde. Einige der Bands, die auftraten, hatten sich bereits einen Namen gemacht. So spielten dort das Wolf-Kaiser-Orchester, die Rhythmic-Stars, Limelight und sogar die Thunderbirds.

„Wir waren so was von verrückt auf diese Rock 'n' Roll-Musik und wollten unbedingt dorthin. Bloß konnten sich mein Freund Ede und ich keine zwei Eintrittskarten leisten. Wir hatten gerade eine Malerlehre begonnen und mussten unser eh schon karges Lehrgeld fast ganz daheim abgeben. Darum beschlossen wir, uns eine Karte zu teilen“, verrät Günter, der keinen Cola-Ball ausließ. „Zuerst ging mein Freund zwei Stunden rein, dann verließ er den Rosengarten unter irgendeinem Vorwand. Draußen gab er mir seine Karte, und ich durfte die letzten beiden Stunden feiern. So hatten wir beide was davon.“

Günter war ein begeisterter Anhänger von Elvis Presley und Horst Buchholz, spätestens, nachdem er den Film „Die Halbstarken“ gesehen hatte. Und so versuchte er sich zurechtzumachen wie seine Idole. Dazu gehörte der „Quiff“, die Frisur, die die beiden Stars so unwiderstehlich machten. „Die Begeisterung meiner Mutter hielt sich bezüglich meines Stylings sehr in Grenzen, weil ihr Haarspray vor jedem Cola-Ball an galoppierender Schwindsucht litt. Aber ich musste meine Haare irgendwie fixieren“, meint Günter lachend. „Aber das war es auf jeden Fall

Günther (in der Mitte) und seine Freunde wollten aussehen wie Rock 'n' Roll-Idole.

wert. Ich hatte mit der Frisur Erfolg bei den Mädels und bekam nie einen Korb."

„Nur einmal", berichtet er weiter, „da lief es nicht so gut. Da war ein Mädchen, das war echt klasse. Ich forderte sie mehrmals zum Tanzen auf und sie sagte nie ‚nein'. Ich schien ihr zu gefallen. Besonders meine Hände hatten es ihr angetan. Sie betrachtete sie lange und meinte, die seien ja so schön. Sie wollte wissen, was ich denn so beruflich mache. Ich wollte nicht zugeben, dass ich im Malerbetrieb von Albert Huber in T3 in eine Maler- und Tüncherlehre ging. Darum sagte ich zu ihr, dass ich Großhandelskaufmann lerne. Das hat ihr imponiert und hat auch zu meinen – ach so schönen – Händen gepasst." Günter amüsiert sich heute noch, wenn er darüber nachdenkt.

„Sie konnte nicht wissen, dass der Geselle, mit dem ich zusammenarbeitete, immer darauf achtete, dass wir Lehrlinge mit sauber geputzten Fingernägeln herumliefen. Aber ich hätte damals besser nicht gelogen. Denn kurz darauf sah sie mich auf der Kurpfalzbrücke, als ich in meiner weißen Arbeitskleidung die

Malerutensilien auf einer Sackkarre von unserer Werkstatt in die Carl-Benz-Straße zog. Ich werde niemals ihren abschätzigen Blick vergessen, als sie zu mir sagte: ‚Du brauchst mich nie mehr aufzufordern. Ich tanze doch nicht mit einem Anstreicher.'"
Dumm gelaufen!
Auch Heidi weiß eine Geschichte zu erzählen. „1958 ging ich an Fastnacht im selbst geschneiderten Geisha-Kostüm auf den

Die hübsche Heidi war eine gefragte Tanzpartnerin.

Cola-Ball. Dort lernte ich einen Mann kennen, dem ich es anscheinend angetan hatte und der das auch unverblümt zeigte. Ich tanzte ein paarmal mit ihm und fand ihn eigentlich ganz nett. Aber er kam mir auch komisch vor, insbesondere als er sich irgendwann als Konstantin vorstellte. Wer hieß schon Konstantin?! Ich konterte und präsentierte mich als ‚Katinka Pomposa', um ihm zu zeigen, dass ich ihm kein Wort glaubte. Wir verbrachten trotzdem einen unterhaltsamen Abend. Als er mir anbot, mich nach Hause zu fahren, war ich nicht abgeneigt. Die letzte Straßenbahn war weg. Draußen war es kalt und ich war leicht geschürzt. Die Vorstellung, vom Rosengarten in die Neckarstadt-West laufen zu müssen, war nicht so berauschend. Als ich dann neben ihm in seinem Wagen saß, wurde es mir jedoch ein bisschen mulmig. Er sagte immer wieder zu mir: ‚Sternchen, ich muss dich wiedersehen.' Das war mir zu viel. Ich war damals sehr schüchtern. Plötzlich wurde er mir unheimlich. Ich wollte auf gar keinen Fall, dass er wusste, wo ich wohne. Darum ließ ich ihn drei Häuser vor unserer Wohnung in der Langgasse 79 anhalten. Ich wusste, dass da die Haustür immer offen stand. Ich verabschiedete mich schnell und verschwand im Nachbarhaus. Als er weggefahren war, lief ich hinüber zu dem Haus, wo ich mit meinen Eltern wohnte. Ich sah ihn Gott sei Dank nie wieder."

Auch wenn Heidi und Günter kein Glück hatten, so waren es doch nicht wenige, die auf dem Cola-Ball die Frau oder den Mann fürs Leben fanden.

Wirtinnen aus Leidenschaft

„Als Simpl-Mutter Rica Corell oder aber auch als die pfeifende Brettl-Wirtin aus Mannheim wünsche ich Ihnen viel Freude bei Höhepunkten des Mannheimer Kabaretts." Mit diesen Worten begrüßte Rica Corell stets ihre Gäste. Wollte man ab Mitte der 50er-Jahre einen Abend mit Kabarett und Kleinkunst genießen, dann ging man nicht zu Henriette und Ernst Seyfferth, wie ihre bürgerlichen Namen lauteten. Nein, man ging zu Rica und Balbo nach H5, 4 in den Simpl, wie alle liebevoll das Simplicissimus in der Filsbach nannten. Es war ein besonderer Ort, wie man ihn in Mannheim kein zweites Mal fand. Der Simpl war klein, aber fein,

Rica Corell brachte mehrere Singles und CDs heraus. Es sind Mitschnitte ihrer beliebten Musikabende.

mit weiß gemusterten Tapeten auf schwarzem Grund und bunter Bestuhlung. Die Poster an den Wänden verströmten ein wenig Montmartre-Flair. Wegen diverser Probleme, u. a. wegen dem Namen der Kleinkunstbühne, folgte 1960 der Umzug ins „MaRu-Ba“ am Neckarufer. Es war ein schwieriger Standort, außerhalb der Innenstadt, den die beiden nur dank ihrer vielen treuen Fans überlebten. 1965 ging es nach Seckenheim in den legendären Badischen Hof, ein Traditionshaus aus den Anfängen des 19. Jahrhunderts mit einem Jugendstilsaal von 1919. Alles schien nun perfekt. Doch schon ein Jahr später erkrankte Balbo schwer und starb. Er wurde nur 61 Jahre alt.

Rica Corell gab nicht auf. Das „Brettl bei Rica“ im Badischen Hof in Seckenheim erlebte seine Blütezeit. Auf ihrer Bühne standen bis 1984 unzählige Prominente wie Peter Horton, Fred Bertelmann, Peter Kreuder, Evelyn Künneke, Brigitte Mira, Fifi Brix, Helen Vita, Rudi Carrell, Ernst Stankovski, Horst Jankowski, Hans-Dieter Hüsch, die Lach- und Schießgesellschaft und Gert Fröbe. Sogar der einstige Ufa-Star, die Diva Zarah Leander, machte 1973 auf ihrer europäischen Abschiedstournee Halt bei ihrer Freundin Rica.

Rica Corell bot ihren Gästen nicht nur Kabarett-, Swing- und Jazzabende, Ausstellungen sowie jegliche Art von Kleinkunstgastspielen. Sie sorgte auch für ihr leibliches Wohl und schwang selbst den Kochlöffel. Manchmal verließ sie die Küche und betrat die Bühne mit den fast schon legendären Worten: „… natürlich nur, wenn's recht ist.“ Dann begann sie Chansons, freche Couplets, Jazz und Wienerlieder zu singen und in unverwechselbarer Weise zu pfeifen. Keine Frage – ihrem Publikum war es immer recht. Sie liebten die singende und pfeifende Rica Corell. 1984 zog es sie zurück in die Stadt. „Sonnenschein bei Rica“ in der Seckenheimer Str. 102 in der Schwetzinger Vorstadt hieß ihre Weinstube. Das alte Klavier ging mit. Wer keinen Platz fand, stand mit den Musikern um die Bar herum, unter ihnen der damals bereits bekannte Jazzpianist Wolfgang Lauth und der Schlagzeuger Eugen Fallmann.

Rica Corell war ausgebildete Opernsängerin und absolvierte an der Hamburger Staatsoper die Meisterklasse. Sie verschrieb sich jedoch schon früh mit Leib und Seele dem Kabarett. 40 Jahre lang prägte sie die Kleinkunst in unserer Stadt, hat sie richtungsweisend mitgestaltet. 1995 starb Rica Corell, die Künstlerin und Wirtin aus Leidenschaft, im Alter von 73 Jahren. Bis heute ist sie vielen Mannheimern auch durch ihre unverwechselbare virtuose Pfeifkunst in Erinnerung geblieben, obwohl ihr Sohn Ernie einmal schrieb, dass seine Mutter es überhaupt nicht mochte, darauf reduziert zu werden.

Die Geschwister hatten stets ein gutes Verhältnis. Beate mit ihrem Bruder Uwe Ochsenknecht bei einem Besuch auf Mallorca.

Auch Beate Ochsenknecht war eine Wirtin aus Leidenschaft. Die Schwester von Uwe Ochsenknecht ist nämlich viel mehr als nur die große Schwester des bekannten und beliebten Schauspielers. Sie hat sich in Mannheim einen Namen gemacht. Viele kennen sie als patente und erfolgreiche Wirtin, die unserer Quadratestadt stets verbunden war. Sie übernahm 1990 die Kaminklause in S3, 6, eine rustikale Kneipe zum Wohlfühlen. Von 1992 bis 2004 gehörte ihr das Ramazotti, eine kleine Wein- und Bierbar, in der Passage in Q4. Sie war damals der absolute Geheimtipp, denn hier gab es immer wieder Livemusik. Zuletzt eröffnete sie 2012 auf dem Lindenhof ein gemütliches Wein- und Bierlokal, das inzwischen geschlossen ist. Die riesige geschwungene Theke war einzigartig und nirgendwo sonst in Mannheim zu finden. Dort überraschte Beate Ochsenknecht ihre Gäste mit unterschiedlichen Events, u. a. auch mit unterhaltsamen Karaoke-Abenden. Und wie hieß dieses Lokal? – Natürlich „Zur Ochsenknecht“ Wie denn sonst!

Die „19.“ - ein besonderes „Nümmerchen“

Wer in die „19.“ will, muss nicht nach Manhattan mit seinen Hunderten von nummerierten Querstraßen reisen. Die 19. kann er nämlich auch in der Neckarstadt-West finden. Sollte das Gespräch auf diese Straße kommen, muss man allerdings damit rechnen, von seinem Gegenüber ein süffisantes Lächeln zu erhalten. „Die 19.! Ha, jo des is driwwe in de Neggastadt, des is de Buff!“, erklärt Robert, der in der Neckarstadt aufwuchs, und hat genau das gerade erwähnte Schmunzeln im Gesicht. In die

Straße hineinschauen kann man von außen nicht. Das verhindern die Sichtblenden, die 1968 an den Straßenenden angebracht wurden. Auch Frauen, sofern sie nicht hier arbeiten, sind hinter den beiden Bretterzäunen unerwünscht.
Das Mannheimer Bordell wurde übrigens zu Beginn des 20. Jahrhunderts eröffnet. Davor scheint es käufliches Gewerbe auch im Stadtgebiet gegeben zu haben, wie man es in Lothar Steinbachs Buch „Mannheim" nachlesen kann. Darin erzählt der bekannte spätere Buchhändler Curt Tillmann über seine Kindheit und seinen Schulweg 1901. Er berichtet, dass er als Erstklässler eine ganz bestimmte Strecke gehen musste. Er erinnert sich, dass die Erwachsenen über einige Innenstadtviertel und Straßen Unheimliches berichteten. Dazu gehörten die „gefährliche" Filsbach und die schräge Straße zwischen R6 und R7. Da wohnten nämlich die „bösen Mädchen". Irgendwann seien die Häuser abgerissen und die Mädchen in die „19." verbannt worden.
Doch all diese Erkenntnisse geben keinen Aufschluss darüber, wie die Straße zu diesem Namen kam. Es lohnt sich, tief in die Geschichte der Stadt einzutauchen. 1607 gegründet, waren die Wohnverhältnisse in den ersten Jahrzehnten innerhalb der Stadtmauern, moderat ausgedrückt, schwierig, u. a. weil es keine Kanalisation gab. Man kann sich lebhaft vorstellen, dass die vor den Häusern ausgekippten „Boddschamber" (frz. „Pot de chambre" = Nachttopf) nicht unbedingt zum Wohlbefinden der rund 7000 Bürger beitrugen. Es stank gewaltig, und man sehnte sich nach frischer Luft. Das war nicht der einzige, aber sicher einer der Gründe, warum jenseits des Neckars bei den sumpfigen Riedäckern und dem Pflügersgrund ab 1681 Neckargärten entstanden. Bereits ein Jahr später wurden sie an 560 Mannheimer vergeben. Diese Gärten mit ihren schönen Lauben

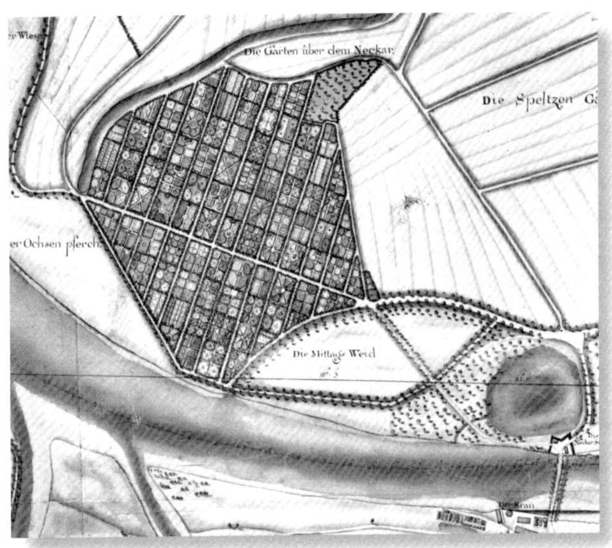

Die Neckargärten von 1777. Auf der Innenstadtseite sieht man auch den Pestbuckel im Jungbusch.

und Sommerhäuschen waren sehr beliebt. Allerdings ist auch verbrieft, dass zuweilen die Obrigkeit einschreiten musste, weil sie eine Verwilderung der Sitten befürchtete.

Bei der Vielzahl der Gärten brauchte man irgendwann ein Ordnungssystem. Darum schuf man einen Mittelweg und begann die einzelnen kreuzenden Gartenwege, beginnend in der Nähe der heutigen Kurpfalzbrücke, durchzuzählen. Die letzte Reihe bekam die Nummer 19 und war in der Nähe des Gutemanngrabens, ein ehemaliger Flussarm.

1872 mussten die Gärten nach und nach einem Bebauungsplan weichen. Hintergrund war die Industrialisierung Mannheims und die massive Zuwanderung an Arbeitskräften. Interessant ist in diesem Zusammenhang die Entwicklung der Bevölkerungszahlen in der zweiten Hälfte des 19. Jahrhunderts. Hatte Mannheim 1870 rund 40.000 Einwohner, so waren es 1900 bereits 140.000.

Die neu entstandene Neckarvorstadt hatte zunächst keine richtigen Straßennamen. Man übernahm einfach die Zählweise aus der Zeit der Neckargärten. Als man 1902 die Nummern abschaffte, versuchte man da, wo es passte, ähnlich klingende Namen zu finden. So wurde aus dem Mittelweg die Mittelstraße, aus der 10. die Zehntstraße, der 11. die Elfenstraße und aus der 13. die Draisstraße.

Bei der kurz zuvor entstandenen Bordellstraße, der 19., entschied man sich, sie nach dem angrenzenden Wassergraben zu benennen. Und so hieß sie fortan „Gutemannstraße“. Ein seltsam anmutender Name, bei dem man sich unwillkürlich fragt, was wollten die Namensgeber damit ausdrücken? 1961 gab es erneut eine Umbenennung. Allerdings ist der Name, den sie bis heute hat, nicht weniger irritierend. „Lupinenstraße“ klingt zunächst recht ansprechend. Doch diese Blume hat es in sich, denn das Wolfsmilchgewächs geht zurück auf das latei-

Vor 1968 war die „19.“ noch für alle frei zugänglich.

nische Wort „lupa“, die Wölfin. Und die „Lupae“ war im antiken Rom die Huren. Es war damals eine nicht sehr schmeichelhafte Bezeichnung für die Frauen, die ihre Liebesdienste anboten, und ging mit wenig Wertschätzung einher. Angesichts der beiden letzten fragwürdigen Straßennamen hätte man es doch besser bei der Bezeichnung „19.“ belassen. Darüber hinaus war die Bordellstraße bei den meisten Mannheimern sowieso immer die „19.“

Mannheims Kinowelt

Wollte man die Mannheimer Kinowelt von Anfang an in ihrer Vielfalt beschreiben, würde das wahrscheinlich ein ganzes Buch füllen. Man kann sich kaum vorstellen, dass es um 1960 tatsächlich 36 Lichtspielhäuser gab. Schaut man sich heute um, stellt man fest, dass es gerade noch ein Großkino der Filmtheaterbetriebe Spickert, nämlich das Cineplex in N7 gibt. Darüber hinaus findet man drei Arthouse-Kinos: das Odeon und das Atlantis in der Westlichen Unterstadt und schließlich das Cinema Quadrat im K1-Karree in der Breiten Straße (ehemals Karstadt). Mit dem Aufkommen des Fernsehens setzte bereits Mitte der 60er-Jahre ein kontinuierliches Kinosterben ein. In den folgenden beiden Jahrzehnten beschleunigte sich dieser Prozess durch die Entwicklung neuer Medien. Überall gab es plötzlich Läden, in denen man Videokassetten und später DVDs ausleihen oder kaufen konnte. Dieser Trend verstärkte sich im neuen Jahrtausend durch die fortschreitende Digitalisierung. Heute streamen nicht wenige ihre Lieblingsfilme bei Netflix, Amazon Prime & Co. Das ist billiger und bequemer.

Das Odeon wurde 1927 eröffnet und ist heute das älteste noch existierende Kino Mannheims. 1978 übernahm es Thomas Esser und wandelte es in ein Programmkino mit Filmen jenseits des Mainstreams um. Vier Jahre später erwarb er zusätzlich die „Kurbel“ in K2 und nannte sie fortan „Atlantis“.

Ende des 19. Jahrhunderts wurden das erste Mal bewegliche Bilder gezeigt. Die Menschen waren fasziniert von dieser neuen Technik, die sich in den folgenden Jahren erfolgreich weiterentwickelte. Bis 1929 wurden zahlreiche Stummfilme produziert. Man erinnere sich an Gloria Swanson und Rudolph Valentino, den Schwarm einer ganzen Frauengeneration. Meist wurden die

Anfang Juli 2023 zog das Cineplex nach Jahrzehnten von P4 nach N7. Das Cinemaxx wurde umbenannt in Cineplex.

Filme musikalisch untermalt. Hans-Jürgen erzählt, dass sich sein Vater während des Musikstudiums nebenbei in den Lichtspielhäusern etwas verdiente, indem er zu den Stummfilmen Klavier spielte. „Er untermalte die bewegten Bilder mit dramatischen, spannenden und heiteren Klängen, aber auch mit sanften, traurigen und sehnsuchtsvollen. Später war er Erster Geiger im Mannheimer Nationaltheater“, berichtet Hans-Jürgen voller Stolz.

Eines der ältesten Mannheimer Kinos waren die Palast-Lichtspiele in J1, die einfach nur „Pali“ genannt wurden. Sie eröffneten bereits 1912. Da sich dieses Kino in der Filsbach, also einem ärmeren Stadtteil, befand, war es einfacher ausgestattet und es wurden günstige Eintrittskarten angeboten. Im Palast-Kino wurde 1928 der erste Tonfilm gezeigt.

Wesentlich luxuriöser war das Alhambra am Ende der Planken, in der Nähe des Wasserturms. Es wurde 1924 im maurischen Stil gestaltet und machte seinem Namen alle Ehre. Der Kinosaal war mit edlen rot-braunen Hölzern verkleidet. An den Wänden hingen venezianische Spiegel und der Eingangsbereich war mit filigranen goldenen Säulen bestückt. 1944 wurde das Alhambra bei einem der zahlreichen Bombenangriffe völlig zerstört. Bereits sieben Jahre später öffnete es erneut seine Pforten. Von der ursprünglichen Pracht war allerdings nichts mehr zu sehen. Kurz nach der Neueröffnung kam es vor dem Alhambra zu tumultartigen Protesten. Es wurde nämlich der Film „Die Sünderin“ von Willy Forst gezeigt, in dem kurz der Busen der blutjungen Hildegard Knef zu sehen war. Das war ein Skandal, ein absolutes Unding im prüden Nachkriegsdeutschland. Im Jahr 2000 wurde das Alhambra geschlossen und das Gebäude abgerissen.

In der Münzgasse zwischen P6 und P7 befand sich das erst 1957 erbaute Scala. Es war das vierte Kino in ganz Europa, das Filme auf einer 8 x 18,5 Meter großen Leinwand in TODD-AO zeigte, einem wenige Jahre zuvor eingeführten Filmaufnahmeverfahren für 70-mm-Breitwandfilme. Es ging auf den amerikanischen Filmproduzenten Michael Todd zurück, der ein Pionier in der Entwicklung von Kamerasystemen war. Vielen ist Michael Todd jedoch eher als der dritte Ehemann von Liz Taylor bekannt, mit der er bis zu seinem Flugzeugabsturz 1958 verheiratet war. „Ich fand das Scala so toll mit dieser riesigen gebogenen Leinwand! Da war man so richtig mittendrin im Geschehen!“ Uschi ging schon immer für ihr Leben gern ins Kino. Sie ist bis heute von dieser Technik fasziniert. „Ich habe dort ‚In 80 Tagen rund um die Welt‘, ‚Cleopatra‘, ‚Die tollkühnen Männer in ihren fliegenden Kisten‘ und viele andere Filme, an deren Titel ich mich schon gar nicht mehr erinnere, gesehen. Ich war richtig traurig, als das Scala-Kino 1973 dichtmachte.“

In den Alster-Lichtspielen in O3 traten nach dem Krieg Willy Hagara, Gerhard Wendland und der Stargeiger Helmut Zacharias auf. Vielen ist das „Alster“ jedoch in erster Linie als Spielstätte des „Internationalen Filmfestivals Mannheim-Heidelberg“ in Erinnerung. Das Kino wurde 1998 geschlossen.

Eine absolute Ausnahme innerhalb Mannheims Kinowelt war das kleine Ladenkino „City“ in B1. Hier wurde nämlich ab 1959 zwischen 11 und 20 Uhr ein 50-minütiges Non-Stop-Programm gezeigt. Es bestand aus einem Dokumentarfilm, aus der „Fox tönenden Wochenschau“ und schließlich einem Zeichentrickfilm oder Kurzfilm meist mit Charly Chaplin oder mit Dick und Doof. Man bezahlte 60 Pfennige und konnte so lange bleiben, wie man wollte. Nach 21 Uhr wurde es zum Abendstudio, in dem ausgewählte künstlerische Filme gezeigt wurden, unter anderen Monty Python oder die Rocky Horror Picture Show.

„Als meine Freunde mich fragten, ob ich in den Film ‚Die letzten Tage von Sodom‘ mitgehen wollte, dachte ich, der ist bestimmt

Das kleine Odeon wurde in den ersten Jahrzehnten fast ausschließlich von Bewohnern des Jungbusch und der Filsbach besucht.

interessant, wenn er von so einem spannenden Geschehen aus der Bibel handelt. Ich interessierte mich damals nicht für Regisseure und Pier Paolo Pasolini war mir kein Begriff. Was jedoch dann zu sehen war, hatte so gar nichts mit der Bibel zu tun. Der Film war hochpolitisch und sollte den Faschismus entlarven. Ich fand ihn jedoch nur brutal und pervers. Ich habe die Bilder nicht ausgehalten. Ich lief total verstört aus dem Kino", erzählt Katharina, die regelmäßig am Samstag ins Kino ging. „Es war das einzige Mal, dass ich mitten in einem Film rausgegangen bin. Von Pasolini habe ich mir nie mehr einen Film angeschaut!"
Es gab in Mannheim unzählige weitere Kinos, auch außerhalb der Innenstadt, unter anderen: das Apollo und das Roxy auf der Rheinau, den Saalbau auf dem Waldhof, das Helvetia in Seckenheim, die Filmbühne in Feudenheim, den Film-Palast und das Regina in Neckarau, das Olymp in Käfertal, das Union in Sandhofen, das Rex in der Schwetzinger Vorstadt sowie das Gloria, das Viktoria, das Luxor, das Royal und, nicht zu vergessen, das Autokino in Friedrichsfeld.

Viel mehr als nur Lichtspielhäuser

Universum, Schauburg, Capitol – alle drei Lichtspielhäuser hatten Platz für über tausend Zuschauer.

Das „Universum" befand sich bis 1968 neben dem Vetter-Kaufhaus in N7. Vor dem Krieg wurde die große Bühne zusätzlich für Gastauftritte u. a. von Marika Rökk, Zarah Leander, Willy Birgel und Hans Albers genutzt. Nach Kriegsende wurde das Universum von der US-Armee beschlagnahmt und erst 1953 an die Betreiber zurückgegeben. Innerhalb der Umerziehungsprogramme wurden deutschen Kindern und Jugendlichen amerikanische Filme gezeigt. Guntram erinnert sich an seinen Kinobesuch als Siebenjähriger. „Sie holten uns mit großen Armeefahrzeugen in der Schule ab und brachten uns ins ‚Universum'. Dort sahen wir Filme über die Weiten von Amerika und über das Leben von Abraham Lincoln. Wir fanden das damals toll. Und wenn uns dann noch ein GI ein Kaugummi oder ein Stück Schokolade schenkte, waren wir happy."

Eine Sensation spielte sich am 24. Oktober 1958 ab. Da gaben nämlich „Bill Haley and the Comets" vor 1100 begeisterten jungen Leuten ein Rockkonzert. Was die Zuschauer nicht ahnen konnten, war, dass sich Elvis Presley hinter der Bühne befand, um dem Konzert des Königs des Rock 'n' Roll zu lauschen. Elvis Presley war zu dieser Zeit als GI in Friedberg/Hessen stationiert. Nachdem fast alle gegangen waren, griff er nicht nur nach seiner Gitarre, sondern setzte sich auch ans Klavier. Mit Bill Haleys „Comets" gab er spontan ein kleines Konzert. Er spielte seine bis dahin bekanntesten Titel „Love me tender", „Heartbreak Hotel", „Hound Dog, und „Blue Suede Shoes", obwohl er Auftrittsverbot außerhalb der USA und Kanada hatte. Somit fand der erste aktenkundige Auftritt von Elvis Presley außerhalb von Nordamerika bei uns in Mannheim statt.

Ganz besondere Geschichten sind mit der „Schauburg“ verbunden. Sie wurde 1918 im Bernhardushof in K1 in der Breiten Straße eröffnet und war mit bequemen roten Plüschsesseln ausgestattet. Die Schauburg überstand den Krieg recht unbeschadet – im Gegensatz zum Mannheimer Nationaltheater in B3, das 1943 dem Erdboden gleichgemacht worden war. In der Schauburg mit ihrer riesigen Bühne und den insgesamt großzügigen Räumlichkeiten fand die Schiller-Bühne ab 1945 eine ideale Spielstätte, die sie bis Ende 1956 nutzte. Danach wurden in der Schauburg wieder Filme gezeigt. Hauptsächlich standen Western und Abenteuerfilme auf dem Programm. Für ein Highlight sorgte viele Jahre später die Einführung des Sensurround-Verfahrens. In dieser Technik zeigte man 1974 den Film „Erdbeben“ mit Charlton Heston. „Ich wäre beinahe schreiend aus dem Kino gerannt“, gesteht die damalige Besucherin Marianne, „der Soundeffekt ließ einen glauben, es gäbe tatsächlich ein Erdbeben und der ganze Boden vibriere.“

Der Überraschungsgast Elvis Presley wurde 1958 herzlich begrüßt.

Meistens gab es in den Kinos am Tag vier Vorstellungen, in denen der gerade aktuelle Film gezeigt wurde. Daneben wurden Sonderprogramme angeboten. „Isch bin domols mit moiner Omma imma Dunnerschdagsnachmiddags in die Rendner-Vorschdellung gonge. Do hawwese dann alde Ufa-Filme vun frieer gezeigt.“ Renate sieht das noch bildlich vor sich. Auch Angelika hat Erinnerungen an die Schauburg: „Ab und zu war ich mit meiner Mutter bei so komischen Verkaufsvorstellungen. Da ging es so ähnlich zu wie bei Kaffeefahrten. Am Schluss sind wir dann heimgekommen mit einer Rheumadecke und einer Fritteuse.“

„An des erinner isch misch a noch“, mischt sich Renate ein und fängt laut an zu lachen, „ämol hawwese ä Brill ongeboode mit

Das Lichtspieltheater wurde nach dem Krieg für über ein Jahrzehnt zur Spielstätte des Mannheimer Nationaltheaters.

der ma ongeblisch die Leid naggisch sehe konnd, des war sozusache ä Rentschebrill. Des war jo alles net so ganz koscher, wass do geloffe is. Do stand im Broschbeggd ‚Weschedroggner' un am Schluss war des nix anneres wie ä Wescheloin mit drei Klammere. Isch kennd noch a paar Storries verzehle. Des war uglaablisch, was die em do alles ondrehe wollde."
Lilo wollte sich kurz vor dem Abi ein bisschen Geld nebenher verdienen und arbeitete sonntagsmorgens an der Kinokasse der Schauburg. Da gab es eine „Türkenvorstellung". Die Organisatoren kamen aus der Türkei und engagierten für ihre Landsleute Sängerinnen und Sänger und Bauchtänzerinnen. „Da war immer gute Stimmung. Es kamen fast ausschließlich Männer, da der Familienzuzug ja erst Jahre später möglich war. Die waren alle sehr höflich. Trotzdem hätte ich eigentlich Erschwerniszulage bekommen müssen. Mein Kassenhäuschen war sehr klein, da passte gerade mal ein Stuhl rein. Es hatte ein rundes Fensterchen, durch das man sprechen und seinen Kartenwunsch äußern konnte. Unten war eine kleine Drehscheibe für die Kinokarte und das Wechselgeld. Die Vorstellungen waren stets ausverkauft. Leider waren unter den rund tausend Besuchern etliche Knoblauchliebhaber. Schon nach kurzer Zeit saß ich in einer knoblauchgetränkten Dunstschwade. Aber ich esse selbst gerne Knoblauch", fügt Lilo augenzwinkernd hinzu, „und schließlich ist er auch gesund."
Überquert man die Kurpfalzbrücke, sieht man schon von Weitem das „Capitol" auf der anderen Seite des Alten Messplatzes. 1917 hieß es zunächst „Colosseum". Zehn Jahre später wurde das Gebäude abgerissen und als Capitol im Stil der neuen Sachlichkeit mit einem ovalen Grundriss und einer roten Klinkerfassade wieder aufgebaut. Die schlichte Fassade sollte sich harmonisch in das Arbeiterviertel Neckarstadt-West einfügen.

Innen war die neue Spielstätte mit dem außergewöhnlichen runden Kinosaal, den Balkonen und Logen ausgesprochen imposant. Dem Capitol drohte Ende der 70er-Jahre ein ähnliches Schicksal wie den anderen großen Lichtspielhäusern. Es war sogar geplant, es in einen Supermarkt umzufunktionieren. Dieses Vorhaben scheiterte am Denkmalschutz. Dieter Spickert, der neue Betreiber des Capitols, dem bereits mehrere Mannheimer Kinos gehörten, entwickelte ein neues Konzept und veranstaltete erfolgreich Konzerte. Das Capitol hatte in den 80er-Jahren den Ruf eines angesagten Musikclubs. Damit ebnete er den künftigen Weg des Hauses. 1997 wurde das Capitol in ein Live-und Eventhaus umgewandelt. Mit seinem abwechslungsreichen Programm, das jährlich 100.000 Menschen anzieht, hat das Capitol bis heute seinen festen Platz in der Mannheimer Kulturszene.

Joy un die Brigg

Die Brücken hatten es ihr angetan. Der „Neggabriggebluus“ ist auf ewig mit ihrem Namen verbunden. „Wenn unsere Joy beim Stadtfest auftrat, fieberten wir alle auf den Moment hin, bis sie mit ihrer unvergleichlichen Soul-Stimme dieses Lied anstimmte.“ Ihre Fans haben die Auftritte bildlich vor Augen. Mit „Ein Lied kann eine Brücke sein“ trat sie sogar 1975 in Stockholm beim ESC auf, der damals „Grand Prix Eurovision de la Chanson“ hieß. Sie landete zwar nicht auf den vorderen Plätzen, war aber auch nicht Schlusslicht wie unsere heutigen Vertreter.

Leider mussten ihre Fans am 27. September 2017 von ihr Abschied nehmen. Viel zu früh starb sie im Alter von 73 Jahren.

Nach ihrem Tod entspann sich eine Diskussion darüber, ob man die Kurpfalzbrücke nicht in „Joy-Fleming-Brücke“ umtaufen solle. Es wurde sogar eine Petition initiiert und einige Prominente setzten sich dafür ein.
Es war ohne Frage eine gute Idee, Joy, die von vielen Mannheimern geliebt und verehrt wurde, ein Denkmal zu setzen. Allerdings lässt die Wahl der Brücke, die umbenannt werden sollte, einige Zweifel aufkommen. Es stellt sich nämlich die Frage, welche der drei Neckarbrücken sie in ihrem Blues besingt? Da sie das nicht mehr beantworten kann, hilft es, ihre Biografie „Über alle Brücken“ zu Rate zu ziehen. Sie könnte Aufschluss geben.
Sehr ausführlich beschreibt sie darin ihre Kindheit und Jugendzeit. Sie wurde am 15. November 1944 als Erna Raad im pfälzischen Rockenhausen geboren. Ihre Mutter war zum Schutz vor den massiven Bombenangriffen, die Mannheim in den letzten Kriegsmonaten erleiden musste, evakuiert worden. Nach Kriegsende kehrte sie mit ihren Kindern in die zerstörte Stadt zurück. Die Behörden wiesen ihr eine Wohnung in der Gutemannstraße zu. Bevor nun falsche Schlüsse gezogen werden, sei darauf hingewiesen, dass in den Nachkriegsjahren Ausgebombte mit Frauen, die dem horizontalen Gewerbe nachgingen, nachbarschaftlich zusammenlebten. „Doch auf Dauer konnten wir nicht in der ‚19.‘ bleiben“, schreibt Joy Fleming in ihrem Buch, „denn das Puffleben trieb immer grellere Blumen.“ Und so zog ihre Mutter auf die andere Seite des Neckars in den Jungbusch, und zwar in die Beilstraße. Hier wohnte sie bis in die Mitte der 60er-Jahre. „Der Weg von der Beilstraße zur Gutemannstraße war nicht weit, keine 2000 Meter Luftlinie. Man musste nur die Jungbuschbrücke überqueren. „Unter dieser schicksalhaften Brücke fließt der nach langer Reise müde gewordene Neckar“, erzählt Joy Fleming weiter. Und ein paar Zeilen danach bemerkt sie: „Iwwer die Brigg musst du gehen, dann erschließen sich dir

neue Welten.“ Sie berichtet, welche Anziehungskraft die Jungbuschbrücke für sie hatte. „Wir spielten als Kinder auf und unter der Jungbuschbrücke. Die Brücke war unser Kinderzimmer.“ In keiner ihrer Schilderungen spielt die Kurpfalzbrücke eine Rolle. Wenn Joy also ihren „Neggabriggeblues“ singt, kann man davon ausgehen, dass sie sich im Jungbusch befindet und ihr Karl über die Jungbuschbrücke in die „19.“ geht.

… Glänie kumm mol hea, isch hab da wass zu saache.
Oh, doin Kall is schun widda iwwa die Brigg,
Iwwa die Brigg is er widda niwwa zu derre onnere

Oh, hab isch zu dem Briefdrega gsachd:
Her mol, des is moim Karl sei Sach.
Ma zwingd kenn Mensch zu soim Gligg.
Un wenn er meend, er muss iwwa die Brigg,
Soll er doch, soll er doch, soll er doch!

Oh, isch weeß, der kummd a widda zurigg
Der kummd schun widda, wenn er Hunga hodd.
Die Menna kumme alleweil widda zurigg.
Dann sin se hungrisch odda gronk. – Godd sei Donk.
Un aach moin Karl keert zu derre Sord.
Godd sei Donk, Godd sei Donk, Godd sei Donk.

Oh Karl, oh Karl, oh Karl, oh Karl, oh Karl
Du hoschd doin‘ Huud dief im Gnigg.
Isch wääß ganz genau,
Jetzt gehd er widda iwwa die Brigg,
Er gehd widda iwwa die Monnema Brigg,
Die Monnema Neggabrigg. ...

Joy sprühte vor Temperament, war eine waschechte Kurpfälzerin. Sie fehlte auf keinem Stadtfest.

Warum sollte Karl einen Umweg von mehr als einem Kilometer über die Kurpfalzbrücke machen, anstatt den kürzesten Weg zu nehmen? Vielleicht hat der „Neggabriggeblues“ sogar etwas Autobiografisches. Am Anfang ihrer Erinnerungen schreibt Joy Fleming: „Meinem ersten Mann habe ich nach der Trennung aus purer Wut mal einen Zwanziger in die Hand gedrückt. Damit sollte er in die 19. gehen und mich einfach in Ruhe lassen. Ich weiß nicht, ob er hingegangen ist oder was er damit gemacht hat.“ Auch wenn ihr erster Mann nicht Karl hieß, so kann man doch eine gewisse Parallelität der Umstände nicht leugnen.

Die Mannheimer Sackträger

Ja, mia sinn die Garde,
die des Monnema Drodddwa ziere,
ja mia sinn die Garde,
wie mer lewe, wie mer sterwe
mid de Badschkabb im Gnigg.

In Monnem uff de Brigg mit de Badschkabb im Gnigg
Mid de englisch ledderne Hosse
do sachd de Schorsch zum Fridds
hea, gebb mer mol en Dschigg,
sunschd muss isch der enni uff de Griewehals stooße.

Ja, mia sinn die Schdroma,
die des Monnema Droddwa ziere,
ja mia sinn die Schdroma,
die do schdehe
mit em Dschigg in de Labb.

Unn ham mer nix mehr druff,
dass es langd fer en Suff,
geh mer nunna in de Haafe, draache Kohle.
Ham mer paar Schdund gschaffd,
ham mer zääh Mark in de Dasch,
ja so gehds bei de Monnema Saggdregaschaffd!"

So lautet eine Version des Mannheimer Sackträgerliedes, das gerne bei Vereinsfeiern und an Fastnacht gesungen wird. Für Zugereiste, die der „Monnema Sprooch" nicht so kundig sein mögen, sei erklärt, dass man „Schdroma" auf Hochdeutsch am

ehesten mit „Herumtreiber mit einem lockeren Mundwerk und entsprechenden Manieren“ übersetzt. Eine „Badschkabb“ ist eine Art Schirmmütze. Unter „Labb“ versteht man den Mund bzw. das Maul und ein „Dschigg“ ist ein Stück Kautabak.
Doch wer waren diese Männer, die man bis heute besingt? Es waren schwer schuftende Tagelöhner, die oft zwölf bis dreizehn Stunden, entsprechend den Öffnungszeiten des Handelshafens, Schiffe be- und entluden. Sie schleppten zenterschwere Säcke. Sackträger finden übrigens bereits 1789 zum ersten Mal Erwähnung. So richtig in Erscheinung traten sie jedoch in Mannheim erst ab 1840. Die meisten dürften damals in der nahe gelegenen Filsbach gewohnt haben. In den folgenden Jahrzehnten kamen sie mehr und mehr aus dem sich rasant entwickelnden Stadtteil Jungbusch.
Dort herrschte zweifellos ein reges Treiben, denn der Jungbusch grenzte genau an den Handelshafen. So ist es nicht verwunderlich, dass in der zweiten Hälfte des 19. Jahrhunderts Dutzende von Wirtschaften und Schifferkneipen entstanden: Sackbendel, Witwe Kühnle, Hummel, Zur Mühlau, Zur Wacht am Rhein, Stadt Rotterdam, Holländer Hof, Zum Kurfürst, Binger Loch, Bauernschänke oder Schifferbörse, um nur einige zu nennen. Hier konnte jedermann einkehren. Auf der Speisekarte stand solide Hausmannskost. Man aß und trank und ließ es sich gut gehen.
In einigen trafen sich hauptsächlich Sackträger, und zwar schon am frühen Morgen. Aber nicht allein, um zu essen und zu trinken. Vielmehr dienten die Schifferkneipen als Ort der Arbeitsvermittlung. Im zweitgrößten Binnenhafen Deutschlands legten nämlich Schiffe aus vieler Herren Länder an. Die Kapitäne schickten Mitglieder ihrer Mannschaft in die Schifferkneipen, um starke Männer zum Löschen ihrer Schiffe anzuwerben. Manch-

mal begaben sich auch Schiffer direkt dorthin, um Arbeiter für ihre Schleppkähne anzuheuern. Natürlich hatte nur derjenige eine Chance, der dieser Schwerstarbeit körperlich gewachsen war. Darum musste ein stärkendes Frühstück her, das entweder aus Schweinerippchen mit Kraut zum Stückpreis von 35 Pfennig oder einem Pfund Wellfleisch, einem ganzen Limburger Käse oder einem mittelgroßen Beefsteak für 60 bis 70 Pfennige be-

Wer den Unternehmer Ernst Lieblang persönlich kannte, nimmt seine Gesichtszüge im Konterfei der Skulptur sofort wahr.

stand. Selbstverständlich durften zu so einem Mahl auch ein oder zwei Schoppen Bier nicht fehlen. Wem dies nun billig erscheint, muss die Preise im Verhältnis zu dem Tageslohn eines Sackträgers sehen, der sich um die 10 Mark bewegte.
In manchen Schifferkneipen ging es am Abend nach getaner Arbeit recht ausgelassen zu. Das war dem Ansehen der Männer und den Lokalitäten nicht unbedingt zuträglich. Sackträger waren in der sozialen Hackordnung ziemlich weit unten angesiedelt. Viele arbeiteten mit nacktem Oberkörper und kurzem Beinkleid, was von den wohlerzogenen Bürgern als sittenwidriges Auftreten gewertet wurde. Wenn manche nach dem Motto: „Und ist der Ruf erst ruiniert, dann lebt sich's völlig ungeniert“ und unter dem Einfluss von Alkohol das Sackträgerlied singend, grölend durch den Jungbusch zogen, war dies nicht nur rufschädigend für sie selbst, sondern auch für den ehemals hochherrschaftlichen Stadtteil.
Aber es wäre unredlich, eine ganze Zunft über einen Kamm zu scheren. Es waren nicht zuletzt die fleißigen Sackträger, die dazu beitrugen, dass Mannheim zu einem attraktiven Wirtschaftsstandort wurde. Dies hat auch der Unternehmer Ernst Lieblang nie vergessen, der ab 1951 ein Weltunternehmen mit Tausenden von Mitarbeitern schuf. Zu Beginn seiner Karriere beschäftigte er bis zu zweitausend Schauerleute in seiner „Stauerei“ im Jungbusch. Bis ins hohe Alter bekundete er, dass er stolz darauf sei, ein Ur-Mannheimer und ein Jungbuschler zu sein. Er ließ auf seine Sackträger, die ihn liebevoll Hafenfürst nannten, nichts kommen. Er war sich sehr wohl ihrer Bedeutung bewusst. Ernst Lieblang ließ es sich darum nicht nehmen, eine CD aufzunehmen, auf der er selbst das Sackträgerlied sang. Er stiftete die Bodenplakette des Sackträgerdenkmals von Gerd Dehof im Jungbusch. Doch damit nicht genug. Er gab darüber hinaus der Mannheimer

Künstlerin Waltraud Suchow den Auftrag, eine lebensgroße Sackträger-Bronzeskulptur zu entwerfen. Bis heute ziert die Figur den Eingang seines Mannheimer Verwaltungsgebäudes in Friedrichfeld. Es war ihm ein großes persönliches Anliegen, die Erinnerung an diese Zunft am Leben zu erhalten.

Wir stolpern durch Mannheim

Zweifellos befinden sich die bekanntesten Stolpersteine vor den Lauerschen Gärten zwischen M6 und N7. Da blinken am Eingang zu der Parkanlage den Vorübergehenden drei messingfarbene Steine entgegen. Sie sind Adolf Doland, Hermann Adis und Erich Paul gewidmet, drei Männern, die man durchaus als Helden bezeichnen darf. Mutig hissten sie am 28. März 1945 auf dem hohen Turm des Vetter-Kaufhauses eine weiße Fahne, um den amerikanischen Truppen, die vom Käfertaler Wald aus heranrückten, zu signalisieren: „Wir Mannheimer ergeben uns!" Sie wollten damit weiteres unnötiges Blutvergießen verhindern. Sie hofften, die Amerikaner würden aufhören, die Innenstadt mit Artilleriefeuer zu beschießen. Bedauerlicherweise wurden die drei von dem fanatischen NS-Polizeihauptmann Otto Hugo Bösc beobachtet. Er gab den Befehl, die drei Männer unverzüglich bei den Überresten der alten Stadtmauer in den Lauerschen Gärten standrechtlich zu erschießen.

Die Kapitulation ein paar Stunden später kam für die drei Männer traurigerweise zu spät. Spektakulär war sie dennoch. Die NS-Stadtverwaltung hatte sich bereits Wochen zuvor abgesetzt und der ranghöchste in der Stadt verbliebene Beamte war Paul Quintus, der Leiter der Elektrizitätswerke. Er befand sich im Gebäude der K5-Schule. Letztendlich ist es ihm und der fähigen und couragierten Telefonistin Gretje Ahlrichs zu verdanken, dass für die Mannheimer der Krieg in den Morgenstunden des 29. März 1945 endete. Sie war es nämlich, die eine Telefonleitung zur 44. US-Division im Wasserwerk des Käfertaler Walds legte. Es war die erste Kapitulation in der Kriegsgeschichte, die per Telefon ausgehandelt wurde.

Die meisten Mannheimer, die dem NS-Terror zum Opfer fielen, waren Juden. Die Angaben der jüdischen Gemeinde sprechen eine deutliche Sprache. 1933 lebten 6400 Juden in Mannheim, 1945 waren es gerade noch 120. Die schlimmste Deportation fand am 22. Oktober 1940 statt. An diesem Tag wurden über 2000 jüdische Bürger von Mannheim nach Gurs in den Pyrenäen verschleppt. Viele starben dort oder wurden anschließend nach Auschwitz gebracht, wo man sie grausam ermordete. Nicht wenige der insgesamt 191 Stolpersteine erinnern an die nach Gurs Verschleppten, unter ihnen der 15-jährige Rudolf Brandt aus Neuostheim oder die 84-jährige Mathilde Wolff aus der Oststadt.

Sechs Steine erinnern an die „AktionT4“, an die systematische Ermordung von Behinderten, 30 an Mitbürger, die im Widerstand aktiv waren, u. a. an Mitglieder der Lechleiter-Gruppe, weitere an Homosexuelle, Zwangsarbeiter oder als „asozial“ Gebrandmarkte. „Meine Mutter hatte eine schwere körperliche Behinderung“, erzählt Bernhard, „ihre Eltern hatten immer Angst, dass sie irgendwann mal abgeholt würde.“

„Als die Schwester meines Vaters aus Liebeskummer einen Selbstmordversuch verübte, mussten sie das geheim halten“, berichtet Gabi. „Wäre es den falschen Leuten zu Ohren gekommen, hätte das böse enden können. Es war eine schwere Zeit, in der unsere Eltern und Großeltern lebten. Sie musste stets genau überlegen, wem sie was sagen konnten.“

Die Stolpersteine sollen an alle Menschen erinnern, die Opfer der Schandtaten des NS-Regimes wurden.

Der Brezelverkäufer Jakob Reiter, der im Vorraum der AOK seine Brezeln verkaufte, musste dies bitter erfahren. Er äußerte sich dem Pförtner gegenüber kritisch hinsichtlich der Weltherrschaftsfantasien von Hitler und darüber, was die Regierenden den Juden antaten. Dieser wusste nichts Besseres, als Jakob Reiter bei der Gestapo zu denunzieren. Es wurde Anklage erhoben, Jakob Reiter wurde nach Berlin überstellt, wo man ihn wegen „staatsgefährlicher Äußerungen gegenüber dem Nationalsozialismus" zum Tode verurteilte. Am 8. Mai 1944 wurde der Urteilsspruch vollstreckt. Heute stolpert man vor dem Eingang der AOK in der Renzstraße über das tragische Schicksal dieses Mannes.

Stolpersteine sind nicht ganz unumstritten. So äußerte sich die ehemalige Zentralratsvorsitzende der Juden Charlotte Knobloch sehr kritisch zu den Stolpersteinen. Sie befürchte, dass man auf den Namen der Opfer herumtrample. Sie ließ sich sogar dazu hinreißen, zwei Steine wieder auszugraben. Mit ihrer Meinung steht sie inzwischen allein da. In mehr als 1265 deutschen Städten und Gemeinden und in 31 europäischen Ländern findet man Stolpersteine vor den Häusern, in denen die Verfolgten zuletzt gewohnt oder gewirkt haben. Der 100.000ste Stein wurde im Mai dieses Jahres in Nürnberg verlegt.

Das Projekt des Kölner Künstlers Gunter Demnig startete 1992. In den Anfängen war es nicht leicht, behördliche Genehmigungen zu bekommen. Einige Hausbesitzer versuchten die Verlegung der Steine zu verhindern, insbesondere wenn ihre Väter die Häuser im Zuge der Arisierung günstig erworben hatten. Sie konnten sich jedoch nicht durchsetzen. Ihre Anträge wurden abgelehnt.

„Ich werde weiter durch Mannheim stolpern und zwar mit offenen Augen", erklärt Marianne, eine junge Frau, die Geschichte an der Uni Heidelberg studieren möchte. „Ich habe mir vorgenommen, auf der Seite des Marchivum nachzusehen, welche Menschen und welche Schicksale sich hinter den jeweiligen Stolpersteinen verbergen."

Übrigens ist ein Synonym für „stolpern" laut Duden „hängen bleiben". Und genau das sollen die Stolpersteine bewirken. Wir sollen hängen bleiben und genau an der Stelle innehalten, wo ein Mannheimer gelebt hat. Ein Mannheimer, der unter dem grausamen nationalsozialistischen Unrechtsregime Schreckliches erleiden, meist sogar sein Leben lassen musste. Siegfried, dessen Mutter 1942 in Auschwitz ermordet wurde, hat ihren Tod nie überwunden. „Was bleibt, ist die Erinnerung", meint er nachdenklich und fügt gleich lächelnd hinzu, „und die Stolpersteine machen die Opfer in gewisser Weise unsterblich. Das ist für uns Nachkommen wenigstens ein kleiner Trost."

The day after

Die meisten Mannheimer kennen einige der Hochbunker. Viele der Älteren wissen auch, wo sich der ein oder andere Tiefbunker aus dem Zweiten Weltkrieg befand oder befindet. Dass jedoch fast 20 Jahre nach Kriegsende ein weiterer Bunker gebaut wurde, wissen die wenigsten. Sie sind zwar unzählige Male an der roten Stahltür vorbeigegangen, wenn sie ihr Auto im zweiten Untergeschoss der Tiefgarage des Stadthauses abgestellt haben. Sie haben sich aber nie darüber Gedanken gemacht, was sich wohl dahinter befinden könnte.

Ende der 1950er-Jahre beschloss die Bundesregierung ein gewaltiges und kostspieliges Bunkerprogramm. Die BRD sollte für den Fall eines nuklearen Angriffs gerüstet sein. Der Mannheimer Atomschutzbunker ist einer der ersten, der neben denen in Dortmund und Freiburg zwischen 1965 bis 1968 errichtet wurde. Er sollte 1600 Personen für 10 Tage Schutz bieten. Die 2000 ABC-Schutzräume, die in dieser Zeit deutschlandweit gebaut wurden, waren für eine halbe Millionen Menschen gedacht. Bei einer bundesdeutschen Gesamtbevölkerung von ca. 55 Millionen entsprach das nicht mal einem Prozent. Auf die Frage, wer denn nun die Bunkerplätze hätte in Anspruch nehmen dürfen, antwortete Rolf Zielfleisch von den „Schutzbauten Stuttgart e. V.“: „Diejenigen, die zuerst da gewesen wären, hätten hineingedurft. Alle hätten durch die Dosierschleuse gehen müssen. Wenn die Maximalzahl erreicht gewesen wäre, hätte sich die Tür automatisch geschlossen.“

Möchte man mehr über den Mannheimer Atomschutzbunker unter dem Stadthaus in N1 wissen, wendet man sich am besten an Georg Seiberlich, den Gründer von Mannheim Tours e.V. Er macht regelmäßig Rundgänge mit Gruppen in einigen der

52 Weltkriegsbunker und führt auch durch den Atomschutzbunker. Begleiten wir ihn! Es ist ein seltsames Gefühl, wenn sich die schwere rote Stahltür öffnet und man von der Tiefgarage nach nur wenigen Schritten im Atomschutzbunker steht. Es ist wie eine Tür in die Vergangenheit. Die Tür zu einer Zeitkapsel. Eine Erinnerung an die Eiszeit zwischen Ost und West. Eine beängstigende Vergangenheit, aus der man den Atem des Kalten Krieges spürt.

Nach der Berlin-Blockade 1948/1949 und der Kuba-Krise 1962 wuchs die Angst vor einem Dritten Weltkrieg. Der Warschauer Pakt und die Nato rüsteten auf. Es war ein nuklearer Rüstungswettlauf zwischen den USA und der UdSSR. Im Falle eines Atomkrieges wäre Deutschland, bedingt durch seine Lage und durch die Konzentration der NATO-Truppenkontingente, als Erstes betroffen gewesen.

Sobald man durch die rote Stahltür tritt, fällt einem das Informationsmaterial an den Wänden auf. Aus diesem geht u. a. hervor, dass Mannheim und Ludwigshafen aufgrund der zahlreichen Industrieanlagen strategische Angriffsziele für nukleare Anschläge waren. Erschreckend ist auch der Stärkenvergleich der Atombombe von Hiroshima 1945 (15.000 to TNT) mit einer Atombombe während des Kalten Krieges (1 Million to TNT). Gott sei Dank kamen sie nie zum Einsatz.

An den Eingangsbereich schließt sich ein riesiger Raum an, in dem an Ketten befestigte fünfstöckige Betten aus Metall hängen, auf denen sich dünne Schaumstoffauflagen befinden. Die Abstände zwischen den Betten sind minimal. Bequem ist anders!

„Ich habe mir während der Führung vorgestellt, dass ich eingeklemmt auf so einer Pritsche liege und zwei Fingerbreit über meiner Nasenspitze die Unterseite des Bettgestells über mir anstarre, während draußen ein Atomkrieg tobt. Die Vorstellung hat mich fast depressiv gemacht", erzählt Roland und fährt fort, „ich habe mich schon gewundert, wie naiv man seine musste, zu glauben, man könne einen solchen Angriff da unten überleben. Für mich wäre das nur eine Verlängerung des Sterbens gewesen." In gewisser Weise bestätigt Rolf Zielfleisch aus Stuttgart diesen Gedanken. Auf die Frage einer Journalistin, was denn passiert wäre, wenn man den Bunker zehn Tage später verlassen hätte, erklärte er: „Die atomare Strahlung wäre zwar so weit abgeklungen, dass man hätte gefahrlos herauskommen können. Leben hätte man aber da draußen nicht mehr können. Das wäre ein ganz anderes Problem gewesen."

Marion hat ähnliche Empfindungen wie Roland. „Mich hat das alles erschreckt. Allein die Vorstellung, dass ich zusammen mit so vielen Menschen in diesem tristen, fensterlosen Raum fast zwei Wochen hätte verharren müssen, das ist ein Albtraum. Die wenigen Toiletten, Waschbecken und Duschen, die stickige Luft – das ist alles unerträglich." Die Lebensverhältnisse im Bunker wären tatsächlich ungemein prekär gewesen, erschwert allein dadurch, dass es drei „Schichten" gegeben hätte. Während ein Drittel schlief, hätte das zweite Drittel auf Stühlen gesessen und das letzte Drittel gestanden.

Geht man durch die einzelnen kleineren Räume, ist man verblüfft über die Vielzahl der unterschiedlichen Gegenstände. Ein Blick in die Schränke offenbart Hunderte von roten und gelben Trinkbechern, zahlreiche Teller, hellblaue Schüsselchen, kistenweise Steppdecken und Windeln, Dutzende von Bettschüsseln und vieles mehr. Konserven, Eintöpfe, Pumpernickel, Kekse und Sirup – oft waren es Bundeswehrbestände. Selbst Holzkisten mit gängigen Medikamenten, wie man sie in der Hausapotheke findet, sind vorhanden. Interessant ist, dass bis 1989 alle 4 bis 6

Wochen der Katastrophenschutz Mannheim im Atomschutzbunker Lebensmittel und Medikamente „wälzte“, d. h. die Verfallsdaten prüfte und die abgelaufenen austauschte. Darüber hinaus wurden der Notstrom-Diesel gestartet, Stromanlagen hochgefahren und man ließ das Wasser laufen. Der Bunker sollte betriebsbereit gehalten werden.

Am Ende der Führung gibt es einen echten Gänsehautmoment. Im Raum des Bunkerwarts, der technisch sehr gut ausgerüstet war, gibt es einen Plattenspieler. Plötzlich erklang aus den Lautsprechern das Lied „Warum weinst du, kleine Tamara?“ von Rudi Schuricke. Wie hätte das wohl auf die Menschen im Bunker gewirkt, wenn drinnen ein russisches Mädchen besungen worden wäre, während draußen sowjetische Atombomben jegliche Lebensgrundlage zerstört hätten?

Georg Seiberlich erklärt während der Führung die Funktionsweise des Atomschutzbunkers.

Obwohl man nach der Wende glaubte, nun sei die Gefahr eines Atomkrieges für alle Zeiten gebannt, wurde das Schutzraumkonzept in Deutschland bis 2007 aufrechterhalten. Im April 2022 teilte das Innenministerium mit, dass 599 Schutzräume übrig seien, von denen jedoch kein Einziger einsatzbereit wäre. Einige wenige haben mittlerweile musealen Charakter und können, so wie der in unserer Stadt, besichtigt werden.

Je mehr man sich mit dem Thema Atomschutzbunker befasst, desto mehr offene Fragen stellen sich. Warum wurde der Bau der Atomschutzbunker derart geheim gehalten? Wie war es überhaupt möglich, sie heimlich zu bauen? Wer hätte in die Atomschutzbunker hinein gedurft? Machte es überhaupt Sinn, sie zu bauen?

Aktuell kann man das Geschirr, Kisten mit Artikeln des täglichen Bedarfs, alte Medikamente und vieles mehr besichtigen.

Fest steht, dass Anfragen beim Verteidigungsministerium oder bei der „Ansprechstelle für Militärhistorischen Rat" unbeantwortet bleiben. Detaillierte Angaben über die Atombunker unterliegen bis heute der Geheimhaltung. Kaum jemand wusste, dass es solche Bunker im Kalten Krieg gab, und die Eingänge waren nicht bekannt. Im Falle einer akuten atomaren Bedrohung hätte die Bevölkerung gar nicht schnell genug informiert werden können. Somit liegt es auf der Hand, dass nur „Eingeweihte", also z. B. der Stadtrat, der Bürgermeister, Funktionsträger und einige einflussreiche Mitbürger, unter denen gewesen wären, die den Bunker hätten aufsuchen können.

Dass man mitten in Mannheim unbemerkt einen solchen Bunker einrichten konnte, lässt sich eigentlich nur damit erklären, dass 1965 zeitgleich der marode barocke Turm vom Alten Kaufhaus in N1 abgerissen wurde. So konnte man das ganze Quadrat zur Baustelle erklären und entsprechend absichern.

Und wie wäre es nach einem atomaren Schlag weitergegangen? Mögliche Kriegsszenarien wurden bereits in den 60er-Jahren simuliert. Die Kommandostabsübung „Falex 66" kam 1966 zu erschreckenden Ergebnissen. Wäre es tatsächlich zu einem nuklearen Showdown in Deutschland gekommen, wäre das gesamte Territorium eine nukleare Wüste gewesen. Angesichts dieser Tatsache ist es nicht tragisch, dass der Mannheimer Atomschutzbunker nur bis 2007 erhalten wurde. Ein Platz im Bunker wäre nicht wirklich erstrebenswert gewesen. Bleibt nur die Hoffnung, dass der atomare Flaschengeist in seiner Flasche bleibt.

Spieglein, Spieglein an der Wand

… wo gibt's die schönsten Spiegel im ganzen Land? Das scheint sich Ludwig II. von Bayern in den 1870er- und 1880er-Jahren gefragt zu haben, als er seine Schlösser Herrenchiemsee und Linderhof mit prächtigen Spiegeln ausstattete. Seine Wahl fiel auf die Spiegelglasmanufaktur in Mannheim. Damit traf er eine gute Entscheidung.

Saint Gobain, die bereits 1665 in Lothringen gegründete „Manufacture de Glaces", war ein traditionsreiches Werk. 1853 kam das Unternehmen nach Mannheim und baute auf dem Gelände des ehemaligen Guts Waldhof eine Fabrik. Unsere Stadt war durch die beiden Flüsse und den reichhaltig vorhandenen Sand, der zur Spiegelglasproduktion erforderlich ist, der ideale Standort. Außerdem schien es prosperierend zu sein, nach Deutschland zu gehen. Man konnte auf diese Weise zum einen die seit 1834 vom Deutschen Zollverein erhobenen Zölle umgehen, zum anderen stellte die bestehende deutsche Spiegelglasproduktion mit ihrer antiquierten Fabrikationsweise keinerlei Konkurrenz dar. Allerdings musste man für das deutsche Werk Fachkräfte in Frankreich anwerben, die die notwendigen technischen Kenntnisse mitbrachten. Für die über 300 Franzosen baute man darum eine Wohnsiedlung aus 19 zweistöckigen Arbeiterwohnblöcken mit Galerien. Die Häuser waren mit vierzig Quadratmeter großen Zweizimmerwohnungen ausgestattet. Das war für damalige Verhältnisse luxuriös. Meister in leitender Funktion wohnten noch komfortabler. Auf dem Werksgelände befand sich die Direktorenvilla.

Aber damit war es nicht getan. Die zweitälteste Arbeiterwohnsiedlung Deutschlands (nach Fugger in Augsburg) schuf weitere bedeutende Einrichtungen des täglichen Lebens für die wichtigen Fachkräfte. So entstanden nach und nach eine evangelische und eine katholische Kirche, eine ambulante Krankenstation, eine Schule, ein Kindergarten, eine Turnhalle, ein Backhaus, eine Wirtschaft sowie ein Bäcker, ein Metzger und ein Lebensmittelhändler. Erstaunlich für die damalige Zeit war, dass bereits 1857 eine betriebsinterne Unfall-, Kranken- und Pensionskasse eingerichtet wurde. Mit diesem Angebot war die Betriebsleitung ihrer Zeit weit voraus. Es sollte noch zwanzig Jahre dauern, bis Reichskanzler Otto von Bismarck sein Sozialversicherungssystem ins Leben rief.

Über die Jahre hinweg veränderte sich die einstmals französische Kolonie. Immer mehr Mannheimer fanden bei der „Spiggl", wie sie bald im Volksmund hieß, Arbeit und zogen in die Werkswohnungen ein. Hier wurde auch Deutschlands bekanntester Fußballtrainer Sepp Herberger geboren und zwar in der „Rue de France". Er wuchs in der Spiegelkolonie auf.

Bis auf einen Wohnblock wurden um 1965 alle Wohngebäude

In so einigen Gebäuden, wie hier in der Friedrich-Karl-Str. 6, kann man noch die Originalgläser der 50er-Jahre aus der Spiegelfabrik in ihren verschiedenen Farbtönen und Strukturen bestaunen.

abgerissen. Nur die Werkskantine, ein Beamtenhaus und die Direktorenvilla blieben erhalten und stehen seither unter Denkmalschutz. Im Juni 2020 wurde der Betrieb in der Spiegelfabrik ganz eingestellt. Wobei der Begriff Spiegelfabrik eigentlich irreführend ist, da die Spiegelproduktion bereits in den 30er-Jahren nach Stolberg in der Nähe von Aachen verlegt wurde. In Mannheim wurde nur noch Gussglas angefertigt.
Möchte man mehr über die Fabrik und die Siedlung wissen, ist man bei den Zeitzeugen Roland und Iris Weber an der richtigen Adresse. Niemand kennt die Produktionsweise und die Arbeitsabläufe so gut wie Roland Weber, der dort 35 Jahre arbeitete und zuletzt der Leiter des Glaslagers und der Verladung war. „Die Glasproduktion ist wie Kuchenbacken“, erklärt er lächelnd,

Die alten Galeriehäuser mussten fast alle den neuen Wohngebäuden der Spiegelsiedlung weichen.

„jedes Glas wird nach einem anderen Rezept hergestellt. Ob mit Drahteinlage oder ohne, abhängig von Farbe und Struktur. Wir stellten nicht nur Weißglas her, sondern auch alle möglichen farbigen Gläser. Je dunkler der Farbton, desto teurer war das Glas. Wir waren richtig gut im Geschäft und hatten Kunden aus der ganzen Welt. Am größten war die Nachfrage in Südeuropa. Dort wurde viel Kathedralglas für die Kirchen bestellt. Das Glas mit seiner rauen Oberfläche bricht nämlich das Licht. Es ist ein Blickschutz, der jedoch trotzdem den Innenraum erleuchtet. Somit ist es ideal für Kirchenfenster."

Roland Weber nennt auch noch andere Bezeichnungen für die Gläser, wie „Listral H" oder „Ornament 523". Und er plaudert aus dem Nähkästchen: „Die hießen bei uns einfach nur ‚Gwedschekucheglas', weil ihre Struktur von oben gesehen wie ein Zwetschgenkuchen auf dem Blech aussah, oder auch Maschinengewehrglas. Wenn man nämlich mit dem Fingernagel über die Glasoberfläche strich, dann ratterte es wie ein Maschinengewehr."

Wenn Roland Weber spricht, bemerkt man seine Begeisterung und seine Verbundenheit mit der Spiegelfabrik. Diese verspürt man auch bei Rolands Frau Iris. Ihr Großvater wurde in Frankreich geboren, wuchs jedoch in der Spiegelsiedlung auf. Ebenso ihr Vater Alfred Noblet. Er war Leiter des „Gemengehauses". „Durch seine leitende Position hatten wir eine geräumigere Wohnung auf zwei Etagen ", berichtet Iris und kramt weiter in ihren Erinnerungen. „Als kleines Mädchen hörte ich immer den Nachtwächter, der mit seinem Schäferhund durch die Siedlung zog. Er sorgte dafür, dass Recht und Ordnung herrschte. Überhaupt wurde schon von Anfang an sehr auf Sicherheit und auf die Einhaltung von Regeln geachtet. Dafür sorgten der Direktor und die werkseigene Polizei.

Der Direktor Jules Meyer wurde geliebt. Er wusste die Vornamen jedes Arbeiters, ihrer Ehefrauen und der Kinder. Darum wurde er gerne ‚Papa Meyer' genannt. Gleichwohl war er gefürchtet, weil er ein strenges Regiment führte. In einem Polizeiberichtsbuch von 1901 kann man genau sehen, welche Vergehen es gab und wie sie bestraft wurden. In einem Rapport ist zu lesen, dass am 19. Juni 1898 der Arbeiter Franz Rapp zu einer Geldstrafe von 2,00 Mark verurteilt wurde. Er hatte seine Nachbarin wegen der angeblichen Störung durch das Nähen an ihrer Nähmaschine auf das Übelste beschimpft und mit Ausdrücken wie „du dreckiges Saumensch", „Sau" und „Drecksau" beleidigt. Er habe ihr darüber hinaus Schläge angedroht und gebrüllt: „Du Alte, dich lerne ich Ordnung! Dich bringe ich weg von der Galerie." Der Schuss ging nach hinten los. Doch all das ist Geschichte.

Die Kantine aus dem Jahr 1853 existiert nach wie vor. Als Gaststätte Spiegelschlössl wird sie heute von Chris Koufaliotis betrieben. „Wenn man da reinkommt, verschlägt es einem fast die Sprache", erzählt Werner, der hier gerne einkehrt, „da kriegt man nicht nur vom französischen Koch Bruno was Gutes zu essen, da macht man auch eine Reise in die Vergangenheit." Tatsächlich erfährt man im Spiegelschlössl viel über die Spiegelfabrik, über das Leben der Menschen in der Siedlung und über den SV Waldhof. Zu verdanken ist das alles dem „Hoffmanns Fritz", einem waschechten Waldhöfer, was er auf einem seiner T-Shirts kundtut. „Mehr Waldhöfer kann man nicht sein" steht da geschrieben. Und natürlich spricht er auch astreines „Monnemarisch".

Günter Friedrich Hoffmann war in seiner Jugend begeisterter Fußballer, spielte bei der „Harmonia", die ursprünglich die Werksmannschaft der Spiegelfabrik war. Er engagierte sich auch beim SV Waldhof. All das brachte ihm bald den Titel „König vom Schlammloch" ein, in Anlehnung an den Namen des Sportplatzes. 2004 übernahm er die Kult-Kneipe, wie viele die ehemalige Werkskantine bis heute bezeichnen, und führte sie bis 2022. In dieser Zeit machte er aus ihr ein regelrechtes Waldhof-Museum. Er rettete bei der Sanierung jede Menge kleine und große historische Raritäten. Die hängen an Wänden und Decken oder stehen auf Simsen und in Nischen. Unzählige Fotos kann man überall betrachten, darunter ein Autogramm mit der Fußballlegende Otto Siffling. „Hia lebd de Waldhof un alles, was mit de Spiggl zu due kabd hod, weida“, meint Selma, die eine waschechte Waldhöferin ist, und beißt genüsslich in ihre leckere Bratwurst. „Des sin die beschde Brodwärschd vun ganz Monnem.“ Bei so viel Lokalpatriotismus erübrigt sich die Frage, wo die Bratwurst herkommt. Weeschd, wie isch meen?

Die einzige Häuserzeile der Spiegelsiedlung, die bis heute erhalten geblieben ist.

Weitere Bücher aus der Region

Aufgewachsen in Mannheim in den 50er und 60er Jahren
Nora Noé
64 Seiten, zahlr. Farb- und S-W-Fotos
ISBN 978-3-8313-3384-4

Aufgewachsen in Mannheim in den 70er und 80er Jahren
Hartmut Ellrich
64 Seiten, zahlr. Farb- und S-W-Fotos
ISBN 978-3-8313-3385-1

Kurpfalz – Die Gerichte unserer Kindheit
Rezepte und Geschichten
Susanne Fiek
128 Seiten, zahlr. Farb- und S-W-Fotos
ISBN 978-3-8313-2203-9

Heidelberg – Farbbildband
deutsch/englisch/französisch
Torsten Krüger, Marcus Imbsweiler
72 Seiten
ISBN 978-3-8313-3278-6

Wartberg-Verlag GmbH
Im Wiesental 1 34281 Gudensberg
www.wartberg-verlag.de

Bücher für Deutschlands Städte und Regionen
Tel. 0 56 03 - 93 05 0
Fax. 0 56 03 - 93 05 28